Lisa und Wilfried Bahnmüller / Michael Neumann-Adrian

Bodensee

Lake Constance – Lac de Constance

Lisa und Wilfried Bahnmüller / Michael Neumann-Adrian

Bodensee

Lake Constance – Lac de Constance

STEIGER

Bodensee

Eine der schönsten Landschaften der Erde breitet sich um den Bodensee. „Der See, der von ferne die Herzen lockt in jeglichem Jahr", hat ihn der Dichter Eduard Mörike genannt, und die Winzer am Überlinger See haben ihre Weinberge „Sonnenufer" getauft. In den Parks gedeihen Palmen und sogar Bananenstauden, in den Bauerngärten feiern Malven, Rittersporn und Rosen ihr Farbenfest. Juwelen europäischen Städtebaus säumen die Ufer des „Schwäbischen Meeres": die Inselstadt und einstige Freie Reichsstadt Lindau, die Festspielstadt Bregenz, die Universitätsstadt Konstanz, Stein am Rhein mit seinen Bilderbuchfassaden, die alten Handelsstädte Radolfzell und Überlingen, die Bischofsresidenz Meersburg mit der über tausendjährigen Burg gleichen Namens und Friedrichshafen, die Stadt der Zeppeline. 263 Kilometer lang erstrecken sich die Ufer, das ist eine Strecke so lang wie von München nach Karlsruhe. Man kann sie erwandern, erradeln, mit dem Wagen umfahren oder auch mit den Schiffen der „Weißen Flotte" von einem Ufer zum andern kreuzen. Wer den See einmal von oben betrachten möchte, kann Rundflüge oder Ballonfahrten buchen. Naturfreunde zieht es zu den Vogelreservaten wie dem Wollmatinger Ried, zur Blumeninsel Mainau und in die grüne Stille des Hinterlandes. Jeder Bodenseetag bringt aufs Neue die glitzernde Herrlichkeit der riesigen Wasserfläche (nach dem ungarischen Plattensee und dem Genfer See die drittgrößte Mitteleuropas!). Das milde Seeklima verwöhnt, und wenn das Wetter es extra gut meint, schiebt es alle Wolken fort, so dass unter der Himmelsbläue der Firnschnee der Appenzeller und Vorarlberger Alpen im Süden aufglänzt. Schöner kann es nicht mehr werden.

Lake Constance

One of the most beautiful landscapes on earth unfolds around Lake Constance. The poet Eduard Mörike called it „the lake which year for year seduces hearts from far and wide," and the winegrowers whose vineyards face onto Überlinger See refer to it as the „sunshine shore". Palms and even banana trees thrive in the parks, and in the country gardens mallows, larkspur and roses celebrate the summer in a riot of colour.

Jewels of European city planning line the shores of what is often jokingly called the „Swabian Sea": the former imperial free town of Lindau situated on an island, the festival town of Bregenz, the university town of Konstanz, Stein am Rhein with its picturesque facades, the old trading centres of Radolfzell and Überlingen, the diocesan town of Meersburg with its thousand-year-old castle of the same name, and the Zeppelin town of Friedrichshafen.

The shoreline extends for 263 kilometres – equivalent to the distance between Munich and Karlsruhe. Lake Constance offers varied opportunities for hiking, cycling and excursions by car. It can be enjoyed from one of the ferries of the „Weiße Flotte" (White Fleet) plying from one side to the other, on board of an excursion steamer or even from a hot air balloon.

Nature lovers will be attracted to the bird sanctuaries such as the Wollmatinger Ried, to the garden isle of Mainau and the serene, lush landscape beyond. Each day the glittering beauty of Lake Constance can be witnessed over its huge span of water (after Hungary's Lake Balaton and Lake Geneva, it is the third largest in central Europe!). The lake has a pleasant, mild climate and if the weather gods mean well, they will push the clouds aside so that the firn snow on the Appenzell and Vorarlberg Mountains glistens under a blue sky. Who could wish for a more magnificent view?

Lac de Constance

Le lac de Constance abrite l'un des plus beaux paysages au monde. Le poète Eduard Mörike l'a surnommé „le lac qui chaque année attire de loin les cœurs", et les vignerons de l'Überlinger See ont baptisé leurs vignobles „rives du soleil". Dans les parcs croissent des palmiers et même des bananiers ; et dans les jardins des fermes, mauves, pieds d'alouette et roses célèbrent leurs couleurs. Les rives de la „ souabe" sont parsemées de joyaux de l'urbanisme européen : Lindau, ancienne ville libre d'Empire construite sur une île, Bregenz et ses festivals, Constance et son université, Stein am Rhein avec ses façades ornementées, les vieilles villes de marchands Radolfzell et Überlingen, Meersburg, ancienne résidence des princes évêques, et son château du même nom vieux de plus de mille ans, sans oublier Friedrichshafen, ville des zeppelins. Les rives du lac de Constance s'étendent sur 263 kilomètres, soit la distance séparant Munich de Karlsruhe, et se prêtent aux randonnées pédestres et à vélo, aux promenades en voiture ou à bord des bateaux de la „Weiße Flotte" (Flotte blanche). Circuits aériens et vols en montgolfière sont également possibles. Les amis de la nature se rendront avec plaisir dans les réserves d'oiseaux (Wollmatinger Ried par exemple), sur l'île florale de Mainau ou encore dans l'arrière-pays vert et tranquille. Chaque journée au bord du lac de Constance fait redécouvrir au visiteur la splendeur chatoyante de l'immense étendue d'eau (la troisième en taille en Europe centrale, après le lac Balaton et le lac Léman). La douceur du climat est un enchantement et si le temps y met réellement du sien, il chasse tous les nuages afin qu'apparaissent au sud, brillantes sous le bleu azur, les neiges éternelles des Alpes de l'Appenzell et du Vorarlberg. Le paysage est alors d'une beauté idyllique.

Trossingen
Spaichingen
Sigmaringen
Donau
Ertingen
Biberach
Mengen
Ochsenhausen
Tuttlingen
Meßkirch
Saulgau
Bad Schussenried
Eberhardzell
Immendingen
Donau
Emmingen
Ostrach
Pfullendorf
Altshausen
Bad Waldsee
Bad Wurzach
Wolpertswende
Engen
Eigeltingen
Stockach
Wilhelmsdorf
Blumenfeld
Tengen
Ehingen
Ludwigshafen
Heiligenberg
Steißlingen
Bodman
Sipplingen
Horgenzell
Weingarten
Wolfegg
Leutkirch
Überlinger See
Salem
Thayngen
Singen
Radolfzell
Gottmadingen
Überlingen
Deggenhausertal
Ravensburg
Kißlegg
Schaffhausen
Moos
Birnau
Waldburg
Zeller See
Allensbach
Unteruhldingen
Markdorf
Unterargen
Rhein
Diessenhofen
Niederzell
Rheinfall
Schienen
Reichenau
Mainau
Meersburg
Schussen
Meckenbeuren
Stein am Rhein
Konstanz
Hagnau
Friedrichshafen
Wangen
Isny
Steckborn
Schloss Kirchberg
Immenstaad
Tettnang
Oberstammheim
Kreuzlingen
Andelfingen
Bodensee
Eriskirch
Argen
Thur
Uttwil
Langenargen
Kressbronn
Lindenberg
Weinfelden
Frauenfeld
Romanshorn
Nonnenhorn
Scheidegg
Lindau
Amriswil
Wasserburg
Oberstaufen
Winterthur
Arbon
Lochau
Pfänder 1064 m
Wil
Bischofszell
Rorschach
Bregenz
Höchst
Wolfurt
Heiden
Schweiz
St. Gallen
St. Margrethen
Lustenau
Dornbirn
Schwarzenberg
Herisau
Uster
Pfäffiker See
Altstätten
Bezau
Greifensee
Rhein
Rappenlochschlucht
Hohenems
Wetzikon
Appenzell
Götzis
Österreich
Wattwil
Wald
Rüti
Thur
Wädenswil
Jona
Säntis 2502 m
Feldkirch
Rankweil
Zürichsee
Rapperswil

Vater Rheins breitestes Bett

Aus dem Bodensee trinken vier bis fünf Millionen Menschen, von St.Gallen bis Stuttgart, oder sie lassen sich doch über Fernwasserleitungen mit Bodenseewasser aus dem größten natürlichen Trinkwasserspeicher weit und breit versorgen. Fast 50 Milliarden Kubikmeter Wasser – wer kann sich diese Zahl vorstellen? – sammeln sich im Obersee (dem Hauptbecken zwischen Bregenzer Bucht und Konstanz, bis zu 252 m tief), im Überlinger See (zwischen der Bodanrück-Halbinsel und dem oberschwäbischen Linzgau) und im Untersee mit der Insel Reichenau. Erzählt man Bodenseegästen, dass diese Landschaft geologisch gar nicht sehr alt ist, vielmehr eine Hinterlassenschaft der letzten Eiszeiten noch vor 10.000 Jahren, ist fast jeder überrascht. Tatsächlich war es vor allem der mächtige, bis zu sechzehn Kilometer breite Rheingletscher, der das Seebecken ausschürfte. Als das Eis schließlich abschmolz, füllte sich das rund siebzig Kilometer lange Becken mit Süßwasser. Vor Jahrmillionen jedoch, als sich zu Beginn des Tertiärs die Alpen auffalteten, war die Senke zur Schwäbischen Alp hin ein Meeresarm. Zum Beweis: Oberhalb des Überlinger Sees bei Sipplingen kann man im Konglomeratgestein, der sogenannten „Salzwassermolasse", zahllose maritime Fossilien entdecken, von Seeigeln bis zu den seltenen Haifischzähnen.
Zeugen der Naturkräfte Wasser, Feuer und Erosion sind am Bodensee auch die Tobel (=enge Schluchten, Klammen) um den Überlinger See und die Rappenlochschlucht beim schweizerischen Dornbirn, dazu noch die erloschenen Vulkankegel des Hegaus westlich vom Bodensee und nicht zuletzt der Rheinfall bei Schaffhausen mit seinen Gischtspektakeln.

Father Rhine's widest bed

Around four to five million people from St. Gallen to Stuttgart drink from Lake Constance or are supplied with water from the region's largest drinking water reservoir via long-distance water pipelines. Almost 50 billion cubic metres of water – a hardly conceivable quantity – are contained within the shores of the lake, consisting of the Obersee which is the main body between Bregenz and Konstanz (up to 252 m deep), the Überlinger See (between the Bodanrück peninsular and Linzgau in Upper Swabia) and the Untersee with the island of Reichenau.
Most guests are surprised to learn that in geological terms the landscape is not very old: it was formed as recently as 10,000 years ago in the last Ice Age. In particular it owes its existence to the mighty, up to 16 kilometres wide Rhine glacier which acted as an unstoppable planing machine to scrape out a deep basin. As the ice melted, the approximately seventy kilometre long basin filled with sweet water. Millions of years ago, however, at the beginning of the Tertiary period the Alps were formed by a folding movement of the earth's crust and the depression towards the Swabian Alb was an arm of the sea. Upon crossing Überlinger See near Sipplingen one can discover countless maritime fossils – including sea urchins and rare shark's teeth – in the conglomerate, the so-called „salt-water molasse".
The „Tobels" (narrow ravines) around Überlinger See and the Rappenloch Ravine near Dornbirn on the Swiss side also bear witness to the natural forces water, fire and erosion. Then there are extinct volcanic cones in the Hegau region to the west of Lake Constance and the spectacular Rhine Falls near Schaffhausen with their billowing spray.

Le lit le plus large du patriarche Rhin

Le lac de Constance, plus grand réservoir d'eau potable naturelle de la région, approvisionne environ quatre à cinque millions de personnes en eau, de Saint-Gall à Stuttgart, directement mais aussi au moyen d'aqueducs. Près de 50 milliards de mètres cube d'eau, un chiffre à peine imaginable, s'accumulent dans le lac Supérieur (Obersee) (bassin principal entre Bregenz et Constance, d'une profondeur allant jusqu'à 252 m), le lac d'Überlingen (situé entre la péninsule de Bodanrück et Linzgau en Haute-Souabe) et le lac Inférieur (Untersee) avec l'île de Reichenau. Si l'on raconte aux visiteurs du lac de Constance que ce paysage n'est géologiquement pas spécialement vieux, mais constitue plutôt un reste des dernières glaciations d'il y a 10 000 ans, la plupart seront surpris. C'est en effet principalement le glacier du Rhin qui a formé tel un rabot irrépressible le bassin du lac. Puis, lors de la fonte des glaces, le bassin d'environ soixante-dix kilomètres de long s'est rempli d'eau douce. Toutefois, au moment du plissement des Alpes au début du tertiaire, il y a de cela des millions d'années, la dépression allant jusqu'au Jura souabe était un bras de mer. Aux environs de Sipplingen, sur le chemin passant par le lac d'Überlingen, les conglomérats aussi appelés „Salzwassermolasse" (molasses d'eau salée) recèlent d'innombrables fossiles d'animaux marins, tels qu'oursins et même rarissimes dents de requins.
Les forces de la nature eau, feu et érosion sont au lac de Constance aussi attestées par les „Tobel" (=étroits ravins) autour du lac d'Überlingen, la „Rappenlochschlucht" (gorge) près de Dornbirn en Suisse, les volcans éteints de l'Hegau à l'ouest du lac et bien entendu les chutes du Rhin de Schaffhouse aux impressionnantes écumes.

Ein Anfall von Fernweh lässt sich kaum unterdrücken, blickt man von Lindaus Leuchtturm den auslaufenden Schiffen nach – warum nicht gleich zu den Alpen aufbrechen? Wer weniger romantisch denkt, sieht den größten Trinkwasserspeicher Europas vor sich liegen. Rund 4,4 Millionen Menschen werden mit Bodenseewasser versorgt, dazu gehören auch St. Gallen und der Stuttgarter Raum.

Who could not resist a feeling of wanderlust at the sight of departing ships, as seen from Lindau's lighthouse? The less romantic-minded will merely see Europe's biggest supply of drinking water. Almost five million people, including St. Gallen and the Stuttgart region, are supplied from Lake Constance.

Comment ne pas ressentir l'envie subite de s'en aller loin en apercevant du haut du phare de Lindau les navires qui s'éloignent ? Pourquoi ne pas alors partir tout de suite dans les Alpes ? Pour les âmes moins romantiques, c'est le plus gros réservoir d'eau potable d'Europe qui s'offre au regard. Près de cinq millions de personnes, y compris Saint-Gall et la région de Stuttgart, sont approvisionnées en eau du lac de Constance.

Vom Frühjahr an, so lange der Sommer währt und bis weit in den Herbst feiert die Insel Tag um Tag ihr Blumenfest: die Mainau, die nur einen knappen Quadratkilometer groß und doch kaum zwischen Morgen und Abend ganz zu erkunden ist, mit Orangerie und Arboretum (Baumpark), mit Mainau-Kinderland und Multivisionsschau. Im Bild: der Gärtnerturm der barocken Schlossanlage.

From early spring, throughout the summer and far into autumn the island is a splendid sea of flowers: Mainau is a mere one square kilometre in size, yet it can hardly be explored in a single day. Its attractions include the orangery, arboretum, children's paradise and a multivision show. Pictured here: the gardener's tower of the baroque castle.

Dès le printemps, tant que dure l'été et longtemps après que l'automne ait fait son apparition, une île fête jour après jour les fleurs. Cette île, c'est Mainau, avec son orangerie et son arboretum (plantation d'arbres), son espace enfants et son spectacle en multivision. Bien que d'une superficie d'à peine un kilomètre carré, il est difficile de l'explorer entièrement en une seule journée. Photo : tour du jardinier dans le parc du château baroque.

Säntisblick, Inselparadies und Seegefrörne

Mit seinen 2501 Metern nicht gerade ein Riese unter den Alpengipfeln, ist der Säntis südlich von St. Gallen doch der markanteste alpine Blickpunkt – vom Meersburger Ufer wie von den schweizerischen Seeanrainern und landeinwärts von Amriswil gut zu sehen. Oder auch von der Garteninsel Mainau aus, wo Graf Lennart Bernadotte seit den frühen dreißiger Jahren aus einem „schwimmenden Dschungel“ ein Pflanzen- und Blütenparadies und das größte touristische Unternehmen im Bodenseeraum mit rund 450 Mitarbeitern geschaffen hat. Heute als Stiftung „Blumeninsel Mainau GmbH“ von Gräfin Sonja geführt, ist die kleinste der drei Bodensee-Inseln zur „Vierjahreszeiten-Insel“ geworden. Viele Gäste reisen am liebsten an, wenn das Laub der exotischen Bäume in Herbstfarben glüht, Candlelight-Dinners, winterliche Schlosskonzerte und Fasnachtstreiben angesagt sind oder der Wasserfall zur Eiskaskade wird. Dazu kommt es häufiger als zur geschlossenen Eisdecke des Sees, der „Seegefrörne“, die am Bodensee fast allemal als ein Jahrhundertereignis begangen wird. In der Klosterkirche im schweizerischen Münsterlingen östlich von Konstanz ist jene Johannesbüste ausgestellt, die seit 1573 insgesamt fünfmal über das Eis des Bodensees getragen wurde, zuletzt 1962/63 in einer Prozession vom schwäbischen Weinort Hagnau zurück ans schweizerische Ufer. 28 Zentimeter stark war damals die Eisschicht, die sogar Autos trug. Der Frost ist jedoch nicht die Regel. Am Bodensee herrscht ein Klima, bei dem sich Pflanze, Mensch und Tier wohlfühlen. „Der See ist ein Freund. Der Himmel glänzt vor Gunst“, schrieb Martin Walser, im bayerischen Wasserburg geboren und seit langem in Nussdorf zu Hause, das zwischen Überlingen und der Rokoko-Klosterkirche Birnau liegt. Ein Freund ist der Bodensee mit seiner Klimagunst auch für Abertausende von Vögeln, die in den Schilfgürteln und Rieden nisten: Haubentaucher und Kormorane, Rote und Schwarze Milane, Regenpfeifer und Teichrohrsänger und viele mehr.

Säntis panorama, island paradise and „Seegefrörne”

At 2,501 metres the Säntis, to the south of St. Gallen, is not exactly a giant compared with other alpine peaks, but it is the most striking feature – seen from the shoreline at Meersburg, the Swiss towns and villages bordering the lake or Amriswil and all points further inland.
The view may also be enjoyed from the garden isle of Mainau, where Count Lennart Bernadotte in the early 1930's started to make his „swimming jungle” into a paradise of plants and blossoms. Meanwhile the largest tourist enterprise in the Lake Constance region with 450 employees, the „Blumeninsel Mainau GmbH” is today a foundation managed by Countess Sonja. Mainau is the smallest of the three islands in Lake Constance and is known as the „island of the four seasons”. Many guests prefer to come when the foliage on the exotic trees glows in autumnal colours, when candlelight dinners, winter concerts in the castle and carnival activities are on the agenda, or the waterfall becomes a cascade of icicles.
This can, in fact, be witnessed more often than the complete freezing over of the lake, the „Seegefrörne”, which is celebrated as a once-in-a-lifetime event. In the monastery church at Münsterlingen on the Swiss side east of Konstanz one can see the bust of St. John, which since 1573 has been carried a total of five times over the ice of the lake. The last time was in 1962/63 in a procession from the Swabian wine-growing village of Hagnau back to the Swiss shore. A 28 cm thick layer of ice was measured at that time, enough to bear the weight of cars.
Rather than frost, the usual climate is one that plants, humans and animals thrive in. Martin Walser once wrote: „The lake is a friend. The heavens smile with favour upon it.” He was born at Wasserburg in Bavaria, but lived for many years at Nussdorf between Überlingen and the rococo-style monastery church at Birnau. With its mild climate, Lake Constance is also a friend to the many thousands of birds such as the crested grebes, cormorants, red and black kites, plovers and reed warblers and many more which nest in the rushes and reeds along its shores.

Vue sur le Säntis, paradis insulaire e t „Seegefrörne“

Au sud de Saint-Gall, le Säntis, pas vraiment un géant parmi les sommets des Alpes avec ses 2501 mètres d'altitude, est cependant le point de vue sur les Alpes le plus marquant, que ce soit à partir des rives de Meersburg, des lieux riverains suisses du lac ou d'Amriswil à l'intérieur du pays.
Ou encore à partir de l'île florale de Mainau, où le comte Lennart Bernadotte, depuis le début des années trente, a créé à partir d'une „jungle flottante“ un paradis botanique et floral et la plus grosse entreprise touristique de la région du lac de Constance (450 collaborateurs y sont employés). La plus petite des trois îles du lac de Constance, aujourd'hui gérée par la comtesse Sonja sous la dénomination „Blumeninsel Mainau GmbH", est ainsi devenue „l'île aux quatre saisons". De nombreux visiteurs aiment avant tout s'y rendre lorsque le feuillage des arbres exotiques s'embrase aux couleurs de l'automne, que les dîners aux chandelles, les concerts d'hiver au château et les fêtes du carnaval approchent, ou que la cascade se mue en rideau de glace. Ceci se produit d'ailleurs plus fréquemment que le gel total du lac, le „Seegefrörne", presque toujours célébré au lac de Constance comme l'événement du siècle. L'église de Münsterlingen (Suisse) à l'est de Constance abrite ce buste de Jean qui a été depuis 1573 porté en tout cinq fois sur la glace du lac de Constance, pour la dernière fois en 1962/63 lors d'une procession revenant d'Hagnau, village viticole, vers la rive suisse. La glace atteignit cette année-là une epaisseur de 28 cm, et supportant même le poids de voitures. Le gel n'est toutefois pas la règle, le climat est normalement bienfaisant pour la flore, les hommes et la faune. „Le lac est un ami. Le ciel resplendit de bienveillance", a écrit Martin Walser, originaire de Wasserburg et depuis longtemps chez lui à Nussdorf, entre Überlingen et l'église aux décors rococo de Birnau. Ami, le lac de Constance l'est aussi grâce à son climat favorable des multitudes d'oiseaux qui nichent dans les roseaux et les joncs : grèbes huppés, cormorans, milans royaux et milans noirs, pluviers et rousseroles effarvattes et bien d'autres encore.

Dunst und Nebel gehören zum Bodenseeherbst. „Wer Augen dafür hat", schrieb der Schriftsteller Hermann Hesse, „genießt diese grauen Vormittage dankbar und aufmerksam, mit ihrem fein verschleierten Lichterspiel, mit ihren an Metall und Glas erinnernden Seefarben und ihren unberechenbaren perspektivischen Täuschungen, die oft wie Wunder und Märchen und fabelhafte Träume wirken."

Haze and mists are just part of the autumn scene at Lake Constance. Hermann Hesse once wrote: „The perceptive eye will appreciate these grey mornings with their finely veiled play of light, giving the lake surface a semblance of metal and glass. Their perspectives are often delusive and appear unreal, like fairytales and fantastic dreams."

Nébulosités et brouillard font partie intégrante de l'automne du lac de Constance. „L´oeil attentif à ces phénomènes", écrivit l'homme de lettres Hermann Hesse, „jouit avec gratitude et attention de ces matins gris avec leurs jeux de lumière légèrement voilés, leurs teintes évoquant dans l'eau du lac le métal et le verre et leurs illusions de perspective imprévisibles ressemblant souvent à des miracles, des contes ou des rêves fabuleux".

Von den Römern zur Euregio

Die kulturelle Entwicklung begann am See früher als anderswo nördlich der Alpen. In den flachen Ufergewässern rekonstruierten Archäologen in den 20er Jahren bei Unteruhldingen Pfahlbauten aus der Stein- und Bronzezeit. Daraus entstand das „Freilichtmuseum Deutscher Vorzeit“, das rasch berühmt geworden ist, obwohl es mit der Pfahlbau-Rekonstruktion nicht ganz seine Richtigkeit hatte: Tatsächlich hatten die Originalbauten vor rund 5000 Jahren ihren Platz wohl nicht im Wasser, sondern am Wasser. Gegenüber am südlichen, schweizerischen Ufer sind bei der Stadt Arbon als Zeugen der rund vierhundertjährigen römischen Herrschaft noch die stattlichen Mauern eines Kastells zu besichtigen. Mit dem gewichtigen Gallusstein bei der benachbarten Martinskirche soll der irische Missionar Gallus, der Patron St.Gallens, anno 610 einen Bären von seiner Klause vertrieben haben – die Wildnis reichte noch bis an die Siedlungen. Kelten und Alemannen, auch Franken, Schwaben und Bayern wohnten um den See, wurden romanisiert und – seit dem 6. Jahrhundert – christianisiert.

Das erste Benediktinerkloster auf deutschem Boden stiftete Karl Martell, der Großvater Kaiser Karls des Großen, auf der Insel Reichenau. Die Benediktinermönche von St.Gallen und der Insel Reichenau waren im frühen 8. Jh. kulturelle Vorhut. Sie verbreiteten im Zeichen des Christentums eine in helvetischen und deutschen Landen noch unbekannte Schreib-, Buch- und Malkultur, dazu die Kunde von Astronomie, schulmäßiger Medizin und Gartenbau. Die Reichenau heißt heute auch „Gemüseinsel“, zur Erntezeit duftet es um die romanischen Kirchenbauten oft kräftiger nach Blumenkohl als nach Weihrauch.

Prominentester Bodensee-Ort im Mittelalter wurde Konstanz, die Stadt des ersten deutschen Bistums (590 gegründet), wichtiger Reichstage und des berühmt-berüchtigten Konzils von 1414–1418.

From the Romans to the Euregio

Cultural development started earlier on the lake than in other places north of the Alps. Along the flat shoreline near Unteruhldingen archaeologists in the 1920's were able to reconstruct lake dwellings from the Stone and Bronze Ages. The resulting Open Air Museum of Prehistoric Germany quickly made a name for itself, although the lake dwellings proved not to be quite authentic: the original dwellings were not in fact in the water, but on the shore. Near the town of Arbon on the opposite Swiss shore the remains of the mighty walls of a fortress bear witness to four hundred years of Roman supremacy. The heavy Gallus stone at the neighbouring St. Martin's church was reputedly used in the year 610 by the Irish missionary Gallus, the patron saint of St. Gallen, to drive a bear away from his retreat – at that time the wilderness bordered onto human settlements. The Celts and Alemanni, Franconians, Swabians and Bavarians who lived around the lake were Romanised and – from the 6th century onwards – Christianised.

The first Benedictine monastery on German soil was founded by Karl Martell, the grandfather of Emperor Charlemagne, on the island of Reichenau. In the early 8th century the Benedictine monks of St. Gallen on Reichenau were the cultural vanguard. In the name of Christianity they disseminated knowledge of writing, books and painting hitherto unknown in the Helvetic and German regions, as well as astronomy, school medicine and gardening. Reichenau is still today known as the „vegetable isle“. At harvest time the prevailing odour in the Romanesque churches is more often of cauliflower than of incense.

The principal settlement on Lake Constance in the Middle Ages was Konstanz, the city of the first German bishopric (founded in 590), important imperial diets and the notorious Council of Constance which convened here from 1414–1418. It is claimed that as many as 50,000 people were assembled, although only 6,000 lived within the city walls, to elect

Des Romains à l' Euregio

Le lac a été peuplé plus tôt que tout autre lieu au nord des Alpes. Dans les années vingt, des archéologues ont reconstruit dans les basses eaux du bord de la rive des constructions bâties sur pilotis datant de l'âge de bronze et de l'âge de pierre. Ainsi est né le „Freilichtmuseum Deutscher Vorzeit“ (musée en plein air des anciens temps allemands) dont la renommée a rapidement grandi bien que la reconstruction des pilotis ne fût pas tout a fait correcte : en effet, les constructions originales il y a de cela environ 5000 ans ne se trouvaient pas dans l'eau, mais au bord de l'eau. Sur la rive sud opposée appartenant à la Suisse, près d'Arbon, les imposantes murailles d'un château fort attestent le règne romain, qui dura quelque quatre cents ans. Dans l'église Saint-Martin avoisinante est exposée la lourde pierre de Gallus avec laquelle le missionnaire irlandais Gallus, patron de Saint-Gall, est réputé avoir en l'an 610 chassé un ours de sa cellule ; jadis nature et civilisation n'étaient pas encore totalement distinctes. Le lac était peuplé par des Celtes et des Alamans, ainsi que des Francs, des Souabes et des Bavarois. Ces peuplades furent romanisées puis christianisées à partir du VIe siècle. La première abbaye bénédictine sur le sol allemand fut fondée par Charles Martel, le grand-père de l'empereur Charlemagne, sur l'île de Reichenau. Au début du VIIIe siècle, les bénédictins de Saint-Gall et de l'île de Reichenau eurent une influence culturelle prépondérante et répandirent sous le signe de la chrétienté livres, écriture et peinture, éléments culturels encore inconnus dans les pays helvétiques et allemands, de même que les sciences de l'astronomie, de la médecine scolastique et de l'horticulture. Aujourd'hui, l'île de Reichenau est surnommée „l'île aux légumes", et au moment des moissons, les senteurs du chou-fleur y sont souvent plus pénétrantes que celles de l'encens autour des bâtiments religieux de style roman.

Au Moyen Age, le lieu principal du lac de Constance devint Constance, ville du premier

Ungezählte Jakobspilger machten im Mittelalter im Kloster Maurach Station, das an einer der schönsten Uferstrecken des Bodensees liegt. Die Pilger waren unterwegs auf dem Jakobsweg nach Santiago de Compostela im nordwestlichen Spanien, wo der Legende nach der hl. Jakob der Ältere, Apostel und Märtyrer, begraben liegt. Heute locken Maurachs Gasthöfe die Liebhaber der gehobenen Gastronomie.

In the Middle Ages countless numbers of St. James pilgrims stopped over at Kloster Maurach, a monastery situated on one of Lake Constance's most beautiful stretches of shoreline. The pilgrims had set out on the St. James' Road to Santiago de Compostella in north-western Spain, where according to legend the holy St. James the Elder, the apostle and martyr, lies buried. Today the inns and restaurants of Maurach are favourite haunts of lovers of fine dining.

Au Moyen Age, de très nombreux pèlerins faisaient escale au monastère Maurach situé sur l'une des plus belles routes longeant le lac de Constance. Ils se rendaient à Saint-Jacques-de-Compostelle au nord-ouest de l'Espagne, où, selon la légende, Saint Jacques le Majeur, apôtre et martyr, est enterré. Aujourd'hui, les restaurants de Maurach font le régal des amoureux de la grande gastronomie.

50.000 Menschen, heißt es, strömten damals zusammen, nur 6.000 wohnten in den Mauern von Konstanz. Eine Papstwahl stand auf dem Konzilsprogramm (sie sollte die Einzige auf deutschem Boden bleiben) und auch die Anhörung des böhmischen Reformators Jan Hus. Auf das kaiserliche Versprechen freien Geleits war Hus der Einladung zum Konzil gefolgt. Doch der Rektor der Prager Universität und – wie Luther ein Jahrhundert später – glühende Gegner des Ablass-Unwesens und anderer vatikanischer Missstände wurde als Ketzer verurteilt und verbrannt. Seinen letzten Wegen in Konstanz kann man noch folgen, von der Wohnung mit kleinem Museum zum Münster und zur Hinrichtungsstätte.

Den Glanz des Wohlstands, ja des Reichtums legten sich die Bodenseestädte, die bischöflichen Residenzen, die Abteien und Adelssitze seit der späten Gotik, in der Renaissance und mehr als je in der Barockepoche zu. Manche mittelalterliche Burg wurde komfortabel umgebaut und dient den angestammten Familien oder Besitzern jüngeren Datums noch immer als Wohnsitz – wie die uralte Meersburg oder Schloss Montfort in Langenargen, das sich der von Granadas maurischer Architektur begeisterte württembergische König Wilhelm im 19. Jh. erbauen ließ.

Nach dem Ende des Heiligen Römischen Reiches in den napoleonischen Kriegen fielen fast alle geistlichen Territorien an die Habsburger und die frischgekrönten Könige von Württemberg und Bayern sowie an den Großherzog von Baden. Jene Dreiländerstruktur um den Bodensee begann sich abzuzeichnen, die seit der Bismarck-Gründung des Deutschen Reiches auf der Landkarte fast unverändert geblieben ist. In Wirklichkeit bedeuten die Grenzen schon seit Jahren immer weniger Abgrenzung. Für Deutschland, Österreich und die Schweiz ist der Bodenseeraum wirtschaftlich, sozial und kulturell eine „Euregio", eine „Europäische Region". Für die Gäste gibt`s darum zum Beispiel den Bodenseepass, ein Halbpreisabo für alle Schiff-, Bahn-, Bus- und Bergbahnlinien im Seeumkreis, und dazu noch die „Internationale Bodensee-Gästekarte" mit Preisabschlägen für vielerlei Urlaubsfreuden.

a new Pope (it was the first and last time a Pope was chosen on German soil) and to attend the trial of the Bohemian reformer Jan Hus. The latter had agreed to appear before the council after he was assured safe conduct by the Emperor. But the principal of Prague University and – as Luther one hundred years later – fierce opponent of the „indulgences" and other social injustices brought about by the Vatican, was declared a heretic and burnt at the stake. His last steps in Konstanz can be traced, from the dwelling house with a small museum to the Münster (Minster) and his place of execution.

The towns and cities around Lake Constance, the bishops' palaces, the abbeys and noblemen's homes acquired the sparkle of prosperity – indeed immense wealth – in late Gothic times, during the Renaissance and particularly in the baroque period. Some mediaeval castles have been renovated to provide comfortable accommodation to the modern-day descendants or new owners – such as the ancient Meersburg or Schloss Montfort in Langenargen, erected in the 19th century by King William of Württemberg, who was fascinated by the Moorish architecture of Granada.

In the Napoleonic Wars at the end of the Holy Roman Empire almost all the church's territories fell to the Habsburgers, the newly-crowned kings of Württemberg and Bavaria and the Grand Duke of Baden. This three-way division of the region bordering Lake Constance began to emerge and has remained almost unchanged on the map of central Europe since Bismarck founded the German Reich.

In reality the frontiers have been losing their significance over the past decades. For Germany, Austria and Switzerland the Lake Constance region has become a „Euregio", a European region in economic, social and cultural terms. Guests can benefit, for instance, from the „Bodenseepass" which gives them half-price access to all shipping, rail, bus and mountain railway services on and around the lake, in addition to the „International Lake Constance Guest Card" with discounts for many tourist attractions.

évêché allemand (fondé en 590) où se tinrent d'importantes Diètes de l'Empire (Reichstage) et le „fameux" concile de la Réforme de 1414 à 1418. 50 000 personnes affluèrent alors, dit-on, alors que seulement 6000 vivaient à l'intérieur des murs de Constance. Une élection pontificale était à l'ordre du jour du concile (elle s'avéra la seule sur le sol allemand), ainsi que l'audition du réformateur tchèque Jan Hus. Sur la promesse faite par l'empereur de lui accorder un sauf-conduit, Hus s'était rendu librement à l'invitation du concile. Mais le recteur de l'université de Pragues, ardent opposant du système des indulgences et autres abus du Vatican, comme le fut Luther un siècle plus tard, fut déclaré hérétique et condamné à être brûlé.

Les visiteurs peuvent encore refaire son dernier parcours à Constance allant de l'appartement (où un petit musée a été créé) au bûcher, via la cathédrale.

C'est avec le gothique tardif, la Renaissance et surtout l'époque baroque que résidences des évêques, abbayes et demeures de la noblesse resplendirent d'aisance et même de richesse. Certains châteaux médiévaux ont été restaurés et rendus confortables, et servent encore de domicile aux vieilles familles de la région ou à des propriétaires plus récents, comme par exemple le très ancien château de Meersburg ou le château Montfort à Langenargen, que le roi Guillaume de Wurtemberg, enthousismé par l'architecture mauresque de Grenade, fit construire au XIXe siècle. Après la chute du Saint Empire romain pendant les guerres napoléoniennes, presque tous les territoires appartenant à l'Eglise revinrent aux Habsbourgs, aux nouveaux rois du Wurtemberg et de Bavière et au grand-duc de Bade. La structure à trois régions autour du lac de Constance, commenca à se mettre en place et n´a quasiment plus changé depuis la fondation par Bismarck de l'Empire allemand. En réalité, les frontières sont depuis déjà des années de moins en moins délimitées. Pour l'Allemagne, l'Autriche et la Suisse, la région du lac de Constance est économiquement, socialement et culturellement une „Euregio", une „Région européenne". Pour les visiteurs, il existe donc par exemple le „Bodenseepass", c'est à dire un abonnement à demi tarif valable sur toutes les lignes de bateaux, de chemin de fer et d'autobus sur et dans les alentours du lac, ou encore l' „Internationale Bodensee-Gästekarte" (billet international pour les visiteurs du lac de Constance) avec des réductions valables pour toutes sortes de plaisirs de vacances.

Rund dreißig Segelschulen sorgen dafür, dass die Freizeitkapitäne des Bodensees Halse und Wende beherrschen und Luv nicht mit Lee verwechseln. Zum Glück sind nie alle rund um den See zugelassenen Segelboote mit und ohne Motor zu gleicher Zeit unter Segeln – denn insgesamt sind es heute 38.000. Und wieviel vor einem Vierteljahrhundert? Gerade einmal 4.000!

About thirty sailing schools ensure that the leisuretime captains on Lake Constance have a firm grasp of the principles of tacking and gybing, and can distinguish port from starboard. Luckily, the registered sailing boats with and without a motor are never all under way at the same time – for they total 38,000. That compares with just 4,000 twenty-five years ago!

Les quelque trente écoles de voile veillent à ce que les capitaines „du dimanche" du lac de Constance maîtrisent les techniques de l'empannage et des virages et ne confondent pas côté frappé par le vent et côté sous le vent. Par bonheur, les voiliers avec ou sans moteur autorisés à naviguer sur le lac ne sont jamais tous de sortie en même temps. En effet, ils sont au nombre de 38 000. Et combien il y a 25 ans ? Tout juste 4000 !

Berühmte und Prominente am Bodensee

„Auf der Burg haus`ich am Berge / unter mir der blaue See", dichtete Annette von Droste-Hülshoff, die in ihrem Leben nirgends glücklicher war als am Bodensee. Besuch bei Annette kann man im „Fürstenhäusle" machen, das mit getreu überlieferter Ausstattung oberhalb von Meersburg erhalten ist, oder auch in der Meersburg selbst, wo ihr Schwager, der Nibelungen-Forscher Laßberg, ihr eine Wohnung einrichtete.

Poeten, Maler und Literaten haben die Naturschönheit und die Ruhe um den See genossen, zum Beispiel auf der noch heute waldstillen Halbinsel Höri. Hermann Hesse mietete sich dort in Gaienhofen ein, baute ein Haus vom Erlös aus seinem Roman „Peter Camenzind" und rühmte die „Luft von Opal und Perlmutter". Wie in Gaienhofen das „Hermann-Hesse-Höri-Museum" lohnt eine halbe Wanderstunde weiter südlich in Hemmenhofen das „Otto-Dix-Haus" eine Wegpause: Otto Dix, in den 20er Jahren ein Meister des Expressionismus und Verismus mit Professur an der Dresdner Akademie, wurde unter dem Hitler-Regime als „entarteter Künstler" verfolgt und suchte im abgelegenen Hemmenhofen Zuflucht.

Ein feudales Asyl fanden im Jahrhundert zuvor Mitglieder des Napoleon-Clans auf der Schweizer Seite des Sees im Schlösschen Arenenberg bei Salenstein. Auch hier entstand ein Wohnmuseum, mit einer Verbeugung vor der prominentesten Bewohnerin, der Kaiserin Eugénie, Witwe Napoleons III. Im Jahre 1906 schenkte sie das Schloss dem Kanton Thurgau.

An andere Namen erinnern nur noch Gedenksteine und ihre Werke. So fern sind die Schriftsteller und Dichter der frühen Benediktiner-Romanik, dass selbst ihre Namen fremdartig klingen: Notker der Stammler in St.Gallen, Walahfried Strabo und der schwerbehinderte Hermann der Lahme auf der Insel Reichenau hinterließen Dichtungen und wissenschaftliche Werke, sie legten den Grund für die alt- und mittelhochdeutsche Literatur. Ei-

Well-known personalities and Lake Constance

Annette von Droste-Hülshoff, the famous poet, once wrote: „I live in the castle on the hill / beneath me the blue lake...". She spent some of the happiest days of her life at Lake Constance. One can visit her authentically furnished „Fürstenhäusle" above Meersburg, or the Meersburg itself, where her brother in law, Nibelung researcher Baron Joseph von Laßberg, set up an apartment for her.

Poets, painters and literary figures have relished the lake's natural beauty and serenity, for instance on the Höri peninsular, still today a leafy haven of peace. Hermann Hesse leased a plot of land at Gaienhofen, built himself a house from the proceeds of his novel „Peter Camenzind" and extolled the „air of opals and mother-of-pearl". After calling in at the Hermann-Hesse-Höri-Museum in Gaienhofen the hiker is recommended to continue south for thirty minutes until he reaches the Otto-Dix-House at Hemmenhofen. Otto Dix was a master of expressionism and verism in the 1920's and professor at the Dresden Academy. His art was later declared degenerate by the Hitler regime, he was persecuted and sought the isolation of the village of Hemmenhofen.

A century earlier, members of the Napoleon dynasty had found a grand sanctuary on the Swiss side of the lake in the form of Schloss Arenenberg near Salenstein. Here is a further museum displaying their style of living, particularly that of its most famous occupant, Empress Eugénie, the widow of Napoleon III. In 1906 she made the castle over to the Canton of Thurgau.

Only memorial stones remind us of other famous people and their works. The writers and poets of the earlier Benedictine Romanesque are so far removed that even their names sound strange: Notker the Stutterer of St. Gallen, Walahfried Strabo and the severely disabled Herman the Lame of the island of Reichenau left behind poetic and scientific works, paving the way for Old and Middle High German literature. One of the great ma-

Célébrités et éminences du lac de Constance

„Auf der Burg haus' ich am Berge / unter mir der blaue See" (Le château sur le versant est ma demeure, en dessous brille le lac bleu), a composé le poète Annette von Droste-Hülshoff, qui de sa vie ne s'est jamais sentie aussi bien qu'au lac de Constance. Pour „rencontrer" Annette, le visiteur peut s'arrêter à la „Fürstenhäusle" (maisonnette princière) surplombant Meersburg et fidèlement conservée en l'état, ou bien dans le château de Meersburg, où son beau-frère Laßberg, spécialiste des Nibelungen, lui avait installé un appartement.

Poètes, peintres et écrivains ont été captivés par la beauté de la nature et la quiétude environnant le lac, comme par exemple sur la presqu'île d'Höri dont les bois exhalent aujourd'hui encore le silence. Hermann Hesse y loua une maison à Gaienhofen, fit construire une demeure avec les recettes de son roman „Peter Camenzind" et rendit célèbre „l'air d'opale et de nacre". Après le „Hermann-Hesse-Höri-Museum" (musée d'Höri consacré à Hermann Hesse) à Gaienhofen, la „Otto-Dix-Haus" à une demi heure de marche vaut aussi le détour : Otto Dix, maître de l'expressionnisme et du vérisme dans les années vingt et professeur titulaire d'une chaire à l'université de Dresde, fut classé comme „artiste dégénéré" et pourchassé sous le régime hitlérien. Il chercha alors refuge dans le village reculé d` Hemmenhofen.

Un siècle auparavant, des membres de la famille Napoléon avaient trouvé un asile somptueux sur la rive suisse du lac, dans le petit château d'Arenenberg près de Salenstein. En ce lieu naquit aussi un musée en hommage à son occupante la plus célèbre, l'impératrice Eugénie, veuve de Napoléon III. En 1906, elle fit don du château au canton de Thurgau.

D'autres noms ne sont plus évoqués qu'à travers leurs plaques commémoratives ou leurs œuvres. Les écrivains et poètes du début de l'époque romane des bénédictins sont si éloignés de notre époque que même leurs noms semblent étranges : Notker le bègue de Saint-Gall,

ner der großen Meister mittelalterlicher deutscher Dichtung lebte im 14. Jahrhundert in Konstanz, der Mystiker Heinrich Seuse (auch Suso genannt), ein Schüler Meister Eckarts. Was Seuse schon erkannte und die moderne Psychologie heute wiederentdeckt: der Mensch muss loslassen können und auf diese Weise gelassen werden. Das Wort „Gelassenheit" soll Seuse zuerst gebraucht haben.

sters of mediaeval German poetry lived in Konstanz in the 14th century. He was a mystic named Heinrich Seuse (also known as Suso), a pupil of Master Eckart. Seuse recognized what modern psychology has since rediscovered: one should be able to let go and conversely be allowed to let go. The word „composure" is reputed to have been first used by him.

Walahfried Strabo et l'infirme Hermann le paralysé de l'île de Reichenau ont laissé derrière eux des poèmes et des œuvres scientifiques qui furent à la base de la littérature de l'ancien et du moyen haut allemand. L'un des grands maîtres de la poésie allemande du Moyen Age, le mystique Heinrich Seuse (aussi prénommé Suso) élève du maître Eckart, vécut au XIVe siècle à Constance. Voici ce que Seuse découvrit et que la psychologie moderne redécouvre : l'homme doit être capable de „lâcher prise" et, ainsi, de devenir calme (gelassen). Seuse est réputé avoir le premier employé le mot „Gelassenheit" (calme, placidité).

Die Moderne: Zeppeline und mehr

Niemand hat den Bodensee bekannter gemacht als jener Ferdinand Graf von Zeppelin, der 1838 in Konstanz geboren wurde, sich über 50jährig aus dem Militärdienst verabschiedete und gegen alle Widerstände die Idee des „Luftschiffs leichter als Luft" verwirklichte. Die „Silberzigarren" der Zeppeline demonstrierten sanfte Luftfahrt, bis zur Brandkatastrophe des „LZ 129 Hindenburg" von Lakehurst 1938 – und heute wieder, mit der Neukonstruktion des „Zeppelin NT" aus Friedrichshafen, der 1998 erste Probeflüge absolvierte. „NT" steht für „Neue Technologie". Die Explosionsgefahr wird durch das verwendete nicht brennbare Heliumgas ausgeschlossen. Die Erwartung einer neuen Zeppelin-Ära ist am Bodensee schon groß.

Was kommt Gutes vom Bodensee außer Zeppelinen? Äpfel und Gemüse tonnenweise, Hochschulabsolventen aus Konstanz zu Tausenden und immer die neuesten demoskopischen Daten aus dem in aller Welt bekannten Institut der Professorin Elisabeth Noelle-Neumann in Allensbach. Wichtig sind die Daten, schmackhaft ist das Obst vom Bodensee. Aber die wahre Bodensee-Lockung bleibt der See selbst, mit seinem silbrigen Schimmern, seinen Seepromenaden und Surfbuchten, seinen Fachwerkwinkeln, Weinstuben und sommerlichen Feuerwerken, seiner Hinterlandstille und auch mit seinen Sturmwinden – der See, um den die Grenzen zwischen den Völkern verschwinden. Der See, der die Herzen lockt.

The Modern Age: Zeppelins and more

No-one has made Lake Constance more famous than Count Ferdinand von Zeppelin, who was born at Konstanz in 1838, retired from military service at the age of 50 and against stiff opposition realized his dream of an „airship lighter than air". These „silver cigars" became the gentle giants of aviation until the disastrous crash of the LZ 129 Hindenburg at Lakehurst in 1938. One of a new generation of Zeppelins, the Zeppelin NT, has since been constructed at Friedrichshafen and completed its maiden flight in 1998. The letters NT stand for „new technology". Any risk of explosion is ruled out by the use of non-flammable helium gas. The technicians at Lake Constance are placing high hopes in a new Zeppelin era.

Besides Zeppelins, what other good things come from Lake Constance? Apples and vegetables by the ton, college graduates by the thousand from Konstanz and the latest demoscopic data from the world-famous public opinion research institute of Professor Elisabeth Noelle-Neumann at Allensbach. The data from Lake Constance is crucial, the fruit delicious. But the real lure of Lake Constance remains the lake itself, its silvery gleam, its lakeside promenades and bays for surfing, its half-timbered houses, wine taverns and summer firework displays, the serenity of its hinterland and even its stormy winds – the lake around which there are no boundaries between the peoples. The lake that seduces the hearts.

L'époque moderne : Zeppelins et plus encore

Personne ne rendit le lac de Constance aussi célèbre que le comte Ferdinand von Zeppelin, qui naquit en 1838 à Constance, prit sa retraite de la carrière militaire à 50 ans et réalisa contre vents et marées l'idée d'un „aéronef plus léger que l'air". Les „Silberzigarren" ("cigares argentés") des zeppelins firent la preuve du „voyage aérien en douceur" jusqu'au tragique incendie du „LZ 129 Hindenburg" en 1938 à Lakehurst ; aujourd'hui à nouveau, un „Zeppelin NT" est construit à Friedrichshafen. Les premiers essais de vol ont eu lieu en 1998. „NT" signifie „technologie nouvelle". Tout risque d'explosion est exclu grâce à l'utilisation d'hélium, gaz non combustible. L'espérance d'une nouvelle ère Zeppelin est déjà grande au lac de Constance.

Quels trésors recèle encore le lac de Constance hormis les zeppelins ? Des pommes et des légumes à profusion, des diplômés de la ville de Constance par milliers et les données de sondages les plus actuelles du célèbre institut du professeur Elisabeth Noelle-Neumann à Allensbach. Les données sont importantes et les fruits du lac de Constance savoureux. Mais la véritable séduction du lac de Constance reste le lac avec ses éclats argentés, ses promenades et baies de surf, le lac avec ses petits groupes de maisons à colombages, ses Weinstuben (restaurants à vin) et ses feux d'artifice estivaux, à l'arrière-pays pénétré de silence, et puis même le lac avec ses bourrasques – le lac, autour duquel les frontières entre les peuples s'estompent. Le lac, qui prend les cœurs au piège.

BAYERISCHER HOF
BAYERISCHER HOFHOTEL
CORNER CAFE

An Lindaus Hafenplatz

erinnert der Mangturm aus dem 13. Jahrhundert an die Zeiten, als die Freie Reichsstadt mit Handel über den See und bald auch bis nach Oberitalien und nach Mailand immensen Reichtum scheffelte. Der Mangturm war auch Leuchtturm – bis 1856, als sich Lindau einen neuen zulegte. Seit 1805 ist Lindau bayerisch – daran erinnert der Name des Hotels.

The 13th century

Mangturm at Lindau's Hafenplatz bears witness to the time when the free imperial town greatly prospered from trade across the lake, its influence soon extending into northern Italy as far as Milan. The Mangturm was also a lighthouse – until 1856, when the citizens of Lindau constructed a replacement. Lindau became part of Bavaria in 1805 – as the name of the hotel reminds us.

La Mangturm

(tour) du XIIIe siècle située sur le port de Lindau témoigne de l'époque où la ville libre d'Empire s'enrichit rapidement grâce au commerce sur le lac puis par la suite vers le nord de l'Italie et jusqu' à Milan. La Mangturm servit aussi de phare jusqu' à la construction par la ville d'un nouveau en 1856. Depuis 1805, Lindau fait partie de la Bavière, ce que rappelle le nom de l'hôtel.

Keine Übertreibung: Die Maximilianstraße in Lindaus Zentrum ist mit ihren Arkaden und den Patrizierhäusern aus Gotik, Renaissance und Barock eine der schönsten Straßen Deutschlands. Das Haus zur Brotlaube, das Gasthaus zum Sünfzen und das Haus Erath glänzen als wohl erhaltene Juwelen altdeutscher Stadtkultur, unter Denkmalsschutz steht ohnehin die ganze Inselstadt.

No exaggeration: Maximilianstrasse in the centre of Lindau with its arcades and statuesque town houses from the Gothic, Renaissance and Baroque periods is one of the most beautiful streets in the whole of Germany. The „Haus zur Brotlaube", „Gasthaus zum Sünfzen" and „Haus Erath" are sparkling jewels of old-style German townscape. The entire island is under historic preservation order.

La Maximilianstraße au centre de Lindau, avec ses arcades et ses maisons patriciennes de style gothique, Renaissance et baroque, est sans exagération l`une des plus belles rues d'Allemagne. La „Haus zur Brotlaube", le restaurant „Gasthaus zum Sünfzen" et la „Haus Erath" constituent des joyaux de la culture urbaine ancienne allemande, la ville entière est d'ailleurs classée ville historique.

An jeder Ecke, in jeder Gasse wartet Lindau, die Bodenseestadt in idealer (Halb-) Insellage, mit einer Sehenswürdigkeit auf. Südländisch muten die bemalten Hausfassaden an, besonders prächtig am 1422 bis 1436 erbauten Alten Rathaus. Der Lindaviabrunnen mit seinen Renaissancefiguren wurde 1973 erneuert, die Fassadenmalerei schon im 19. Jahrhundert.

An attraction is to be found at every corner and in every narrow street of Lindau, situated scenically on an island extending into Lake Constance. The painted facades have a Mediterranean feel about them, particularly that of the magnificent Altes Rathaus (Old Town Hall), built between 1422 and 1436. The Lindavia fountain with its Renaissance figures was renovated in 1973, the murals were restored already in the 19th century.

Chaque recoin, chaque ruelle de Lindau, la ville de joliment située sur une (presqu') île du lac de Constance, recèle une curiosité. Les façades décorées donnent à la ville un air méridional. Celle de l'ancien hôtel de ville (1422–1436) est particulièrement magnifique. La Lindaviabrunnen (fontaine) ornée de personnages de la Renaissance a été restaurée en 1973, les fresques des façades au XIXe siècle.

Der sechs Meter hohe bayerische Löwe aus Kelheimer Marmor, der seit 1856 über die Einfahrt zu Lindaus Hafen und die darin dicht an dicht vertäuten Yachten wacht, ist längst zu einem Stadtwahrzeichen geworden. Im Hintergrund: die Türme der evangelischen Stadtpfarrkirche St. Stephan am Marktplatz, deren ursprünglich romanischer Bau 1782 barockisiert wurde.

Since 1856 the six metre-high Bavarian lion constructed of Kelheim marble has kept watch over the entrance to Lindau's harbour with its tightly-packed yachts and has long-since become a famous landmark of the town. In the background: the towers of the Protestant parish church of St. Stephan at the Market Place, whose original Romanesque building was altered in baroque style in 1782.

Le lion en marbre de Kelheim de six mètres de haut qui garde depuis 1856 l'entrée du port de Lindau et les nombreux yachts qui y sont amarrés, est considéré comme l'emblème de la ville. En arrière-plan: les tours de l'église protestante Saint-Stéphane située sur la place du marché. A l'origine de style roman, la construction fut remaniée en 1782 et transformée en style baroque.

Auch zur Nachtzeit wirken sie dekorativ: der Leuchtturm und vis-à-vis der bayerische Löwe, beide Jahrgang 1856. Tags kann man den 33 Meter hohen Turm ersteigen und gewinnt den schönsten Ausblick auf den bayerischen Zipfel am „Schwäbischen Meer". Was nicht jeder weiß: Erst 1956 entschieden Lindaus Bürger, dass sie nicht zu Württemberg, sondern zu Bayern wollten.

The lighthouse and the Bavarian lion opposite are a delight to behold at night. Both date back to 1856. During the day visitors may climb to the top of the 33-metre high tower and enjoy a splendid view of the Bavarian corner of the „Swabian Sea". A fact only known by a few: not until 1956 did the citizens of Lindau decide that they preferred to be part of Bavaria rather than Württemberg.

La nuit aussi, ils ornent la ville : d'un côté le phare et de l'autre le lion bavarois, datant tous deux de 1856. De jour, en montant en haut du phare (33 m), on peut admirer le magnifique point de vue sur la pointe bavaroise de la „mer souabe". Ce que tout le monde ne sait pas est que les citoyens de Lindau ne deciderent qu´en 1956 de faire partie de la Bavière et non du Wurtemberg.

Ein Ausflug auf der Oberschwäbischen Barockstraße führt vom Bodensee über Isny bis Ulm und zurück über Weingarten und Ravensburg. Isny am Rande der Allgäuer Alpen zeigt ein reizvolles Stadtbild mit Mittelalter-Ambiente und moderner Flanier- und Fußgängerzone, ist Kurort und ein Zentrum der Skifahrer und Snowboarder. Im Bild: die Marktstraße.

An excursion along the Upper Swabian Baroque Road takes one from Lake Constance to Ulm via Isny and back via Weingarten and Ravensburg. Situated at the foot of the Allgäu Alps, Isny has a picturesque old town with mediaeval ambience and a modern pedestrian zone for shopping and strolling. It is also a health resort and a centre for skiers and snowboarders. Pictured here: Marktstraße.

Une excursion sur la route baroque de Haute-Souabe mène le voyageur de le Lac de Constance à Ulm, en passant par Isny puis Weingarten et Ravensburg sur le chemin du retour. Située en limite de l'Allgäu, Isny est une ville d'eaux et une station de ski et monoski charmante dont l'ambiance médiévale et la zone piétonnière récente invitent à flâner. Photo: la „Marktstraße".

Die Schätze an der Barockstraße nehmen gar kein Ende, kaum die berühmtesten kann man alle auf einer Rundfahrt bewundern. Mit den pompösen Kloster- und Wallfahrtskirchen Oberschwabens wie Weingarten, Birnau, Salem und Ottobeuren konkurriert Isnys Pfarrkirche St. Jakobus und Georg nicht – und doch ist ihr barocker Glanz wunderschön, seit mehr als drei Jahrhunderten.

The treasures of the Baroque Road appear to be unending. On a normal sightseeing tour one can hardly hope to take in even the most famous of them. The parish church of St. Jakobus and Georg at Isny may not be able to compete with the pompous monasteries and pilgrimage churches of Upper Swabia such as Weingarten, Birnau, Salem and Ottobeuren – but its baroque splendour has delighted visitors for over three hundred years.

Les trésors de la route baroque sont inépuisables, un seul circuit suffit à peine à admirer les plus célèbres. L'église Saint-Jacques et Saint-Georges d'Isny ne fait certes pas concurrence à la pompe des monastères et églises de pèlerinage de la Haute-Souabe telles que Weingarten, Birnau, Salem ou Ottobeuren, mais l'éclat de sa splendeur baroque est demeuré intact depuis plus de trois siècles.

Mit malerischer Altstadt lockt Leutkirch ein wenig nördlich von Isny, eine knappe Autostunde vom See. Bis in die letzten Winkel ist die Stadt mit schwäbischer Gründlichkeit blank herausgeputzt, eine katholische Pfarrkirche aus dem 16., eine evangelische aus dem 17. Jahrhundert sind zu bewundern. Oder lässt man sich's einfach wohl sein, in Leutkirch im „Lamm"?

To the very last corner, the picturesque old town of Leutkirch, a little further north of Isny and almost an hour's drive from the lake, brims over with Swabian „Gründlichkeit". Its Catholic parish church dates back to the 16th century, the Protestant church to the 17th century. And the „Lamm" at Leutkirch is the perfect place to sit back and relax.

Leutkirch, située légèrement au nord d'Isny à une petite heure de route du lac, séduit par sa vieille ville pittoresque. La ville est comme il se doit en Souabe nettoyée jusque dans ses moindres recoins. On peut y admirer une église paroissiale catholique du XVIe siècle et une église protestante du XVI-Ie siècle. Ou alors peut-être se la couler douce au „Lamm" de Leutkirch ?

Landeinwärts bei Ravensburg liegt in der stillen voralpinen Landschaft der Moorseen, Wiesen und ungestörten Waldstücke der Ort Wolfegg und darüber das stattliche Schloss der Fürsten von Waldburg zu Wolfegg und Waldsee. Erbaut wurde es in den Jahren von 1578 bis 1586. Im Rittersaal sind noch die lebensgroßen Figuren alter Ritterherrlichkeit in ihren Prunkrüstungen zu bewundern.

The village of Wolfegg is situated inland in the foothills of the Alps near Ravensburg, amid the quiet marshlands, meadows and untouched woodlands. It is dominated by the grand castle of the Princes of Waldburg zu Waldegg and Waldsee, built between 1578 and 1586. In the banqueting hall one can still admire the life-size figures of the knights of past ages in their ornate armour.

Dans l'arrière-pays près de Ravensburg, là où s'étend le paysage silencieux des Préalpes au milieu de lacs marécageux, de prés et de tranquilles petits bois, se trouve le village de Wolfegg et, le surplombant, l'imposant château des princes von Waldburg zu Wolfegg und Waldsee, dont la construction remonte aux années 1578 à 1586. Dans la salle d'armes, on peut encore admirer des représentations grandeur nature de chevaliers d'antan dans leur armure d'apparat.

Das Adelsgeschlecht der Herren von Waldburg hat etliche Schlösser erbauen lassen, in Bad Wurzach den Barockbau von 1723/28. Der unbekannte Baumeister beeindruckt noch immer mit einem stattlichen doppelläufigen Treppenhaus. Zwei Jahrhunderte früher trieb „Bauernjörg“ Georg Truchseß von Waldburg bei Wurzach das Heer der aufständischen Bauern auseinander.

The aristocratic von Waldburg family built a number of castles such as the baroque structure at Bad Wurzach dating back to 1723/28. The unknown architect left an impressive legacy in the form of an imposing dual-flight staircase. Two centuries earlier, „Bauernjörg" Georg Truchsess of Waldburg drove apart the army of rebellious farm workers.

La famille von Waldburg a fait construire d'innombrables châteaux, dont l'édifice baroque de 1723/28 à Bad Wurzach. Son architecte, inconnu, fait aujourd'hui encore sensation avec les magnifiques escaliers doubles. Deux siècles auparavant, „Bauernjörg“ Georg Truchseß von Waldburg avait chassé près de Wurzach l'armée de paysans en révolte.

Ländliches Arbeitsgerät aus alter Zeit ist im Bauernhaus-Museum in Wolfegg ausgestellt. Dort steht ein Füssinger Haus, ein alpiner Gebäudetyp aus dem Rheintal, der sich während der Neusiedlungen nach dem Dreißigjährigen Krieg auch im Allgäu und im Oberschwäbischen ausbreitete. Eine Schnapsbrennerei und eine Hausmetzgerei gehören hier zu den Attraktionen der bäuerlichen Wohnwelt um 1800.

Agricultural tools and machinery from bygone days are exhibited at the Füssinger Hof Museum in Wolfegg. The museum includes a house from Füssing. It is an Alpine chalet type which is typical for the Upper Rhine Valley and which became common in the Allgäu and Upper Swabian regions as a result of the new settlement following the Thirty Years War. A schnapps distillery and a butcher's shop are among the other attractions depicting rural life around 1800.

Outils de travail ruraux antiques exposés dans le musée de la ferme de Wolfegg. On peut y voir une maison de Füssing, type de construction alpine de la vallée du Rhin qui se répandit aussi dans l'Allgäu et la Haute-Souabe lors des déplacements de populations après la guerre de Trente ans. Une distillerie d'eau de vie et une charcuterie dans la maison font ici partie des attractions illustrant le monde de l'habitat paysan vers 1800.

Immer mehr Christen suchten seit dem späten Mittelalter Trost und Hilfe bei der Mutter Christi. Von Hans Zürn d.Ä., aus der württembergischen Bildhauerfamilie Zürn, wurde um 1623 die festlich barocke Holzskulptur der Maria mit Kind geschaffen, die in der Pfarrkirche St. Gallus und Ulrich der kleinen fürstlich waldburgischen Residenz Kißlegg bewahrt wird.

Since the Middle Ages a growing number of Christians have sought comfort and help from the Mother of Christ. The elaborate baroque wooden sculpture of Mary with Child was carved around 1623 by Hans Zürn the Elder, from a Württemberg family of sculptors, and is preserved in the parish church of St.Gallus and Ulrich at the small princely Waldburg residence at Kißlegg.

De plus en plus de chrétiens cherchaient depuis la fin du Moyen Age consolation et assistance auprès de la Vierge. Hans Zürn l'Ancien, membre de la famille de sculpteurs wurtembergeoise Zürn, sculpta dans le bois en 1623 une Marie à l'enfant de style baroque solennel conservée dans l'église paroissiale Saint-Gallus et Saint-Ulrich de la petite résidence princière Kißlegg des Waldburg.

In der Frühlingslandschaft Oberschwabens bei Wolfegg an der Straße nach Röthenbach wurde um 1706 auch diese Loreto-Marienkapelle erbaut. Loreto ist der Name eines Wallfahrtsortes in Oberitalien, in den das Haus der Madonna („Santa Casa") von Nazareth versetzt worden sein soll.

On the road to Röthenbach near Wolfegg, in the spring-like landscape of Upper Swabia, the traveller will pass the Loreto-Marien chapel. Loreto is the name of a place of pilgrimage in northern Italy to which the house of the Madonna („Santa Casa") in Nazareth is reputed to have been transferred.

Sur la route de Röthenbach, dans le paysage printanier de Haute-Souabe près de Wolfegg, a été érigée vers 1706 cette chapelle mariale Lorette. Lorette est la nom d'un lieu de pèlerinage en Italie du Nord vers lequel, selon la légende, la maison de la Vierge („Santa Casa") de Nazareth aurait été transportée.

Die Brillen-Stube

Liebhaber historischer Stadtbilder sollten unter den über Jahrhunderte hin in ihrer architektonischen Gestalt bewahrten Allgäu-Städten unbedingt Wangen kennen lernen. Die ganze Altstadt steht unter Denkmalschutz, im Bild: der Saumarkt mit der spätmittelalterlichen St. Martinskirche. Literaturfreunden bietet Wangen das Deutsche Eichendorff-Museum.

Lovers of historic townscapes should not miss Wangen, one of Allgäu's architectural treasures which has been preserved over the centuries. The entire old town is an historic monument. Pictured here: the Saumarkt with the late mediaeval church of St. Martin. Literary scholars may like to visit the German Eichendorff-Museum in Wangen.

Parmi les villes de l'Allgäu dont l'architecture a été préservée au cours des siècles, Wangen fait partie de celles que les passionnés d'urbanisme historique se doivent d'admirer. La vieille ville est entièrement classée site historique. Photo: le marché aux cochons (Saumarkt) et l'église St. Martin datant de la fin du Moyen Age. Les amateurs de littérature ont à Wangen la possibilité de visiter le „Deutsches Eichendorff-Museum".

Das barocke Architekturjuwel im mittelalterlichen Kern der ehemaligen freien Reichsstadt Wangen ist das Rathaus mit seiner palastprächtigen Fassade. Von dem Bregenzer Franz Anton Kuen stammte der Entwurf, gebaut wurde rasch, von 1719 bis 1721. Auch Stadttore sind noch erhalten, das mittelalterliche Spital und das Kornhaus, dazu so schöne alte Namen wie „Paradiesstraße".

A baroque architectural jewel in the mediaeval centre of the former free imperial town of Wangen is the Rathaus (Town Hall) with its palatial facade. The building was designed by Franz Anton Kuen of Bregenz and built in record time between 1719 and 1721. Its city gates have likewise been preserved, as well as the mediaeval hospital, the Kornhaus (grain store) and picturesque old names such as „Paradiesstraße".

Wangen, ancienne ville libre d'Empire, abrite au sein de son centre médiéval un joyau de l'architecture baroque : l'hôtel de ville à la façade somptueusement décorée. Les plans en furent dessinés par Franz Anton Kuen, originaire de Bregenz ; la construction fut rapide, de 1719 à 1721. Certaines portes de la ville sont encore intactes, ainsi que l'hôpital datant du Moyen Age, la halle aux blés (Kornhaus) et puis de jolis noms anciens tels que la „Paradiesstraße" (rue du paradis).

Bodensee bei Wasserburg. Martin Walser, der die ersten zwanzig Jahre seines Lebens in Wasserburg zu Hause war, schrieb: „Man muss nicht fröhlich sein. Am Bodensee, meine ich. Heitere Landschaft und so. Benediktinisch, lieblich, süß und fromm. Davon weiß ich nichts. Dieser See bewirkt, glaube ich, nicht dies und das. Wenn er etwas einprägt, dann den Wechsel."

Lake Constance near Wasserburg. Martin Walser, who spent the first twenty years of his life in Wasserburg, wrote: „One does not need to be in a cheerful disposition. At Lake Constance, I mean. A delightful landscape. Benedictine, charming, sweet and pious. I notice none of all that. This lake evokes neither one nor the other. If it makes an impression on one, then it is that of change."

Le lac de Constance près de Wasserburg. Martin Walser qui passa les vingt premières années de sa vie à Wasserburg, a écrit: „On n'a pas besoin d'être joyeux. Au lac de Constance, veux-je dire. Paysage serein, et autres choses du même genre. Bénédictin, aimable, doux et dévot. J'en sais rien. Ce lac n'évoque ni ceci, ni cela. S'il imprime une chose, alors le changement."

Fernab von allem Verkehrslärm glänzt das Halbinselchen Wasserburg unter dem weißen Turm der Pfarrkirche St. Georg. In der Kirche sind die Gedenkinschriften der „Seegfrörne" – so sagt man am Bodensee, wenn der See von einem Ufer zum andern zufriert – und die nach dem Ersten Weltkrieg entstandenen Deckenbilder sehenswert. Schon um 764 stand an gleicher Stelle eine Kirche.

Far away from all the traffic noise, the small peninsular of Wasserburg sparkles serenely beneath the white spire of the parish church of St. George. Inside the church one should not miss the inscriptions of the „Seegfrörne" – as it is called when the lake is frozen over from one side to the other – and the post-First World War ceiling frescos. The first church was erected here in the year 764.

Bien loin des bruits de la circulation, la petite presqu'île de Wasserburg resplendit sous la blancheur de la tour de l'église paroissiale Saint-Georges. Celle-ci contient les écrits commémorant le „Seegfrörne" (terme qui désigne dans la région le lac de Constance lorsqu'il est gelé d'une rive à l'autre) et un plafond décoré datant d'après la première guerre mondiale. Une église existait déjà à la même place aux environs de 764.

Engel trifft man auch am Bodensee nicht immer, stattliche Wirtshäuser mit Sicherheit. In Nonnenhorn lädt der „Seewirt" seit über hundert Jahren in sein Haus ein.

Angels are not too common at Lake Constance, but magnificent inns are to be found in abundance. The „Seewirt" in Nonnenhorn has been extending a warm welcome to guests for over a hundred years.

On ne tombe pas non plus toujours sur des anges au lac de Constance, mais sur des auberges très certainement. Le „Seewirt" de Nonnenhorn ouvre déjà depuis plus de cent ans ses portes à ses hôtes.

Großer Ausblick unter grünen Wipfeln: In Kressbronn erreicht der Bodensee zum schweizerischen Rorschach hin seine größte Breite von fast 15 Kilometern. Die wunderschöne Uferpromenade hat landeinwärts lauter Villen-Wohlstand hinter hohen Hecken im Rücken. Obstgärten, Weinhänge und Hopfenstangen umrahmen Kressbronn.

A breathtaking view from beneath the leafy treetops: here at Kressbronn Lake Constance is at its widest. Rohrschach on the Swiss side opposite is 15 kilometres distant. The beautiful lakeside promenade is bordered by grand villas, and Kressbronn is surrounded by orchards, vineyards and hop poles.

Vue grandiose sous vertes cimes: entre Kressbronn et Rorschach en Suisse, le lac de Constance atteint sa largeur maximale de 15 km. A Kressbronn, derrière la superbe promenade aménagée au bord de l'eau, on aperçoit en se dirigeant vers l'intérieur du pays de hautes haies dissimulant de riches villas. Jardins fruitiers, versants de vigne et perches à houblon entourent la ville.

Wo der See am Ufer flach ist, gibt es Badestege und da und dort auch noch die nostalgischen hölzernen Badehäuschen aus Großvaters Zeiten – wie hier in Wasserburg. Kenner des Sees raten vom Bad in einer stillen Bucht abseits der Strandbäder ab, wenn man nicht gut über die Wasserverhältnisse Bescheid weiß. Denn die versteckten Strömungen können gefährlich werden.

At shallow points on the shore there are piers for swimmers. Here and there the nostalgic wooden changing cubicles from grandfather's time – such as here at Wasserburg – are still to be seen. Lake authorities advise uninitiated swimmers against bathing in remote bays far from the official beach facilities. Concealed currents can be dangerous at times.

Il est possible de se baigner là où le lac descend en pente douce; à certains endroits, comme ici à Wasserburg, on trouve encore des cabines de bain évoquant avec nostalgie l'époque de nos grands-parents. Si le baigneur ne possède pas de bonnes connaissances sur le régime des eaux, les habitués du lac déconseillent la baignade dans une baie tranquille à l'écart des plages. En effet, les courants cachés peuvent s'avérer dangereux.

In Langenargen wurde der hochbegabte Franz Anton Maulbertsch (1724 – 1796) geboren. Er war später in Wien, im Böhmischen und Österreichischen tätig, aber auch in Langenargens St.-Martin-Kirche findet man ein schönes Schutzengelbild des Barockmeisters. Noch andere Bilder von ihm zeigt das Museum im ehemaligen Pfarrhaus, neben Werken Franz Purrmanns (1880 – 1966).

Langenargen is the birthplace of the highly gifted Franz Anton Maulbertsch (1724 – 1796). He later worked mostly in Vienna, Bohemia and Austria, but a fine picture of the guardian angel by the baroque master is to be found in St. Martin's church at Langenargen. Other paintings by him are displayed at the museum at the former parsonage, together with works by Franz Purrmann (1880 – 1966).

C'est à Langenargen que naquit le très talentueux peintre Franz Anton Maulbertsch (1724 – 1796), Il travailla plus tard à Vienne, en Moravie et en Autriche, mais l'église St. Martin de Langenargen possède elle aussi un joli tableau d'ange gardien peint par le maître du baroque. D'autres de ses tableaux sont exposés dans le musée situé dans l'ancien presbytère, à côté d'œuvres de Franz Purrman (1880 – 1966).

Mit hohem Aufwand restauriert und in den historisch eingerichteten Räumen zu besichtigen: das 1712 erbaute riesige Neue Schloss der Grafen von Montfort in Tettnang, etwa 12 km landeinwärts. Der letzte Graf Montfort musste den Bauwahn seiner Vorfahren büßen, er verlor Herrschaft und Schloss und musste für die letzten Lebensjahre in einen Gasthof umziehen.

At Tettnang, about 12 km further inland, one can visit the meticulously restored historic rooms of the mighty Neues Schloss built and owned by the Dukes of Montfort in 1712. The last duke paid dearly for the building mania of his ancestors. He lost control of the castle and was obliged to spend the last years of his life at an inn.

A environ 12 km vers l'intérieur du pays se trouve l'immense „Neue Schloss" (nouveau château) des comtes de Montfort érigé en 1712 à Tettnang. Restauré à grands frais, ses pièces aménagées comme à l'époque sont ouvertes à la visite. Le dernier comte de Montfort dut expier la manie de la construction des ses ancêtres, il perdit pouvoir et château et vécut les dernières années de sa vie dans une auberge.

Vierzehn Türme und Tore umringen mit ihren Mauern noch immer das Zentrum der alten Kaufmannsstadt Ravensburg, die im 15. Jahrhundert mit der „Ravensburger Gesellschaft" führend im deutschen und europäischen Handel war, bis die Bank- und Handelshäuser der Fugger und Welser sie überrundeten.
Im Bild: der Marienplatz mit dem 1553–56 erbauten Blaserturm.

The mediaeval fortifications incorporating fourteen towers and gates still encircle the centre of the old merchant town of Ravensburg. With the „Ravensburg Company" it was a major German and European commercial centre in the 15th century, until it was eclipsed by the banking and merchant houses of the Fugger and Welser families. Here a view of the Marienplatz with the impressive Blaserturm, erected 1553–56.

Quatorze tours et portes encerclent encore le centre de l'ancienne ville de marchands Ravensburg qui fut au XVe siècle avec la „Ravensburger Gesellschaft" un moteur du commerce allemand et européen, jusqu'à ce que les établissements bancaires et commerciaux Fugger et Welser l'eussent éclipsée.
Photo: la Marienplatz et la tour Blaser érigée en 1553–56.

Die besten Architekten, Maler, Schnitzer und Stuckateure wirkten beim barocken Neubau der Klosterkirche von Weingarten mit. Für den Bau waren Franz Beer und Christian Thumb verantwortlich, den Stuck gestaltete Franz Xaver Schmuzer, Joseph A. Feichtmayr das Chorgestühl und Cosmas Damian Asam die Fresken. Nach neun Jahren, 1742, war die Basilika mit ihrem 90 m langen Innenraum vollendet.

Only the best architects, painters, woodcarvers and stucco artists were engaged for the building of the baroque monastery church at Weingarten. Franz Beer and Christian Thumb were responsible for the overall construction work, Franz X. Schmuzer for the stucco, Joseph A. Feichtmayr for the chancel and Cosmas Damian Asam for the frescoes. The basilica with its 90 metre long nave was begun in 1733 and completed nine years later in 1742.

Les meilleurs architectes, peintres, sculpteurs et stucateurs participèrent à la construction de l'église baroque du monastère de Weingarten. Franz Beer et Christian Thumb furent chargés de la construction, Franz X. Schmuzer de la décoration en stuc, Joseph A. Feichtmayr des stalles et Cosmas Damian Asam des fresques. Neuf ans plus tard, en 1742, la basilique d'une longueur intérieure de 90 m était achevée.

Ein Geißbock, der nicht auf den Bahndamm will, was soll das bedeuten? Ein Denkmal ist es, steht bei Dorlesbach bei Reute und stellt eine Szene aus dem nicht nur in Schwaben beliebten Lied von der „Schwäb'-schen Eisenbahn" dar. Der Geißbock hält es im Übrigen gerade so wie der Schwabe mit seiner Redensart „D'r Mensch isch koe Eilposcht, so'scht wär 'r gelb a'gestriche."

A billy goat who refuses to go up the railway embankment, what is that supposed to mean? It refers to a monument which stands near Bad Waldsee and portrays a scene from the „Swabian Railway Song", which is popular not only in Swabia. In a broad Swabian accent the billy goat claims „Man is not an express mail service, otherwise he would be painted yellow".

Un bouc qui ne veut pas monter sur le remblai d'une voie de chemin de fer, qu'est-ce que cela peut bien être ? Un monument près de Bad Waldsee qui illustre une scène de la chanson „Schwäb'schen Eisenbahn" (chemin de fer souabe) appréciée pas seulement en Souabe. A propos, le bouc s'exprime exactement comme le Souabe „D'r Mensch isch koe Eilposcht, so'scht wär 'r gelb a' gestriche" (L'homme n'est pas une malle-poste, sinon il serait peint en jaune).

Im Reigen festlicher Barockbauten hat auch Bad Waldsee mit der ehemaligen Stiftskirche der Augustiner seinen Platz (1479 erbaut, die Ausstattung von den Brüdern Zimmermann aus dem 18. Jh.). Auch Waldsee hat lange den Herren von Waldburg gehört, in der Stiftskirche wird eine Bronzeplatte gezeigt, der „Eiserne Mann", die für einen Truchsess von Waldburg bestimmt gewesen sein soll.

The former Augustinian collegiate church at Bad Waldsee (built in 1479 with interior fittings by the Zimmermann brothers in the 18th century) can rightfully take its place in the succession of splendid baroque style buildings. For many years Waldsee also belonged to the lords of Waldburg and a bronze plaque, the „Iron Man" reputedly intended for a member of the Truchsess family at Waldburg, can be seen in the collegiate church.

Dans la ronde des majestueux édifices baroques, Bad Waldsee a avec son ancienne église collégiale des augustins une place à part (construction en 1479, décoration au XVIIIe siècle par les frères Zimmermann). Waldsee a aussi pendant longtemps appartenu aux von Waldburg ; on peut voir dans l'église collégiale une plaque de bronze, l' „Eiserne Mann", probablement destiné à un écuyer tranchant des von Waldburg.

Überall im Süddeutschen blühte im 18. Jahrhundert die Kultur der Stifte und Abteien noch einmal auf, vor der Französischen Revolution und – in ihrer Folge – der Säkularisation des geistlichen Besitzes und der Aufhebung der Klöster. Vieles ging zugrunde, aber erhalten blieb der kostbare Bibliothekssaal des ehemaligen Prämonstratenserklosters in Schussenried.

The culture of the convents and monasteries all over southern Germany once again experienced a resurgence in the 18th century, in advance of the French Revolution and – as a result – a secularisation of church property and the dissolution of the monasteries took place. Much was destroyed, but the priceless library room of the former Premonstratensian monastery at Schussenried remained intact.

Au XVIIIe siècle, le Sud de l'Allemagne vit à nouveau fleurir la culture des couvents et abbayes. Avec la révolution française qui entraîna la sécularisation des biens de l'Eglise et la suppression des monastères, de nombreux édifices disparurent, mais la précieuse bibliothèque de l'ancien monastère des prémontrés à Schussenried resta intacte.

Im Frühlingslicht: Das ländliche Schwaben, hier bei Volkertshaus in der Nachbarschaft von Bad Waldsee. Für Reiter und Radwanderer ist Oberschwaben ein grünes Wunschland. Wer zu Fuß unterwegs ist, nimmt noch intensiver die Schönheiten am Wege wahr, die Seen, Weiher und Gumpen, in denen die Frösche und Unken konzertieren, die blühenden Dorfgärten und Wiesengründe.

In the gentle spring light: rural Swabia at Volkertshaus, near Bad Waldsee. Upper Swabia is a lush utopia for horseback riders and cyclists. But hikers are able to gain an even more intensive perception of the beautiful features of the countryside along the way, such as the blossoming cottage gardens and meadows, or the lakes, ponds and puddles yielding a concert of croaking frogs and toads.

Luminosité printanière : la campagne en Souabe, ici près de Volkertshaus aux alentours de Bad Waldsee. La verte région de Haute-Souabe est idéale pour les randonnées à cheval et à vélo. Le promeneur pédestre, lui, jouira encore d'avantage de la beauté des chemins: lacs, étangs et mares dans lesquels grenouilles et crapauds croassent de concert, jardins villageois et vallons fleuris.

In der Wallfahrtskirche des Dorfes Eriskirch zeigt ein barockes Deckengemälde die über dem See schwebende Madonna. Draußen breitet sich zwischen der Bahnlinie und der Flachwasserzone des Sees eines der wichtigsten Naturschutzgebiete des Bodensees aus, das Eriskircher Ried, fünfeinhalb Quadratkilometer groß.

A ceiling fresco in the pilgrimage church at Eriskirch depicts a Madonna floating over the lake. One of the most important nature reserves in the Lake Constance region, the 5.5 square kilometre Eriskircher Ried, lies between the railway line and the shallow waters at this point of the lake.

Une fresque baroque du plafond de l'église de pèlerinage dans le village d'Eriskirch représente la Madone flottant sur le lac. Dehors, entre la ligne de chemin de fer et la zone des basses eaux du lac, s'étend l'Eriskircher Ried, l'une des réserves naturelles les plus importantes du lac de Constance (5,5 km^2).

Im Eriskircher Ried leben Hunderte von Pflanzenarten. Im Mai sind die Wiesen violettblau von den Iris-Blüten, auch die Sibirische Schwertlilie überdauert hier. Im Naturschutzgebiet gibt es ein Freibad am Seeufer, Wanderwege und im ehemaligen Bahnhofsgebäude ein Naturschutzzentrum; ein Teil der Ausstellung ist speziell für Kinder gestaltet.

Hundreds of different species of plants thrive in the Eriskircher Ried. In the month of May the meadows are dotted violet with iris blossoms, and the Siberian iris has found a permanent home here. In the nature reserve there is also open-air swimming and hiking; the former station building houses a nature centre with an exhibition, part of which was conceived specially for children.

Plusieurs centaines de variétés de plantes poussent dans l'Eriskircher Ried. En mai, les prairies prennent la teinte bleue violacée des iris ; ici, on trouve même des iris de Sibérie. Une piscine découverte a été construite au bord du lac dans la réserve naturelle, ainsi que des chemins piétonniers et un centre de protection de la nature dans l'ancienne gare ; une partie de l'exposition est spécialement conçue pour les enfants.

ZEPPELIN MUSEUM
MUSEUMSRESTAURANT

Zu einem Museums-Magneten wurde nach seiner Eröffnung im Jahr 1996 das neue Zeppelin-Museum in Friedrichshafen. Die Erfindung des Grafen Zeppelin, der sein erstes Luftschiff „leichter als Luft" im Jahr 1900 zum Jungfernflug starten ließ, hat ihre Faszination nicht verloren. Heute wird in Friedrichshafen der „Zeppelin NT" gebaut, ein Hoffnungsträger der „sanften Luftfahrt".

Following its opening in 1996 the Zeppelin Museum at Friedrichshafen proved to be a crowd-puller. The invention of Count Zeppelin, whose first „lighter than air" airship embarked on its maiden voyage in 1900, has not lost any of its fascination. Today the Zeppelin NT being built at Friedrichshafen embodies the hope in a bright future for the „gentle way to fly".

Le nouveau musée Zeppelin de Friedrichshafen a attiré dès son inauguration en 1996 de très nombreux visiteurs. L'invention du comte Zeppelin, constructeur d'un aérostat „plus léger que l'air" dont le premier vol eut lieu en 1900, exerce toujours la même fascination. Actuellement, le „Zeppelin NT", espoir du „voyage aérien en douceur" est en cours de construction.

Das Obst vom Bodensee schmeckt. Am deutschen wie am schweizerischen Ufer haben sich mehr und mehr Bauern für ökologischen Landbau entschieden. Das milde Klima hilft ihnen, denn schon im April brauchen sie kaum mehr Nachtfröste zu fürchten. Nach warmen Sommermonaten ist der See so aufgeheizt, dass es bis in den Herbst spätsommerlich warm bleiben kann.

The fruit grown around Lake Constance is delicious. On both the Swiss and German sides more and more farmers are opting for ecological methods of production. The mild climate acts in their favour, for in April the frost period is already past. During the summer months the lake absorbs so much warmth that late summer temperatures prevail until well into the autumn.

Les fruits du lac de Constance sont bons. Le long des rives allemande et suisse, de plus en plus d'agriculteurs ont choisi un mode de culture biologique. La douceur du climat est une aide précieuse, car dès avril, ils n'ont plus à redouter les gelées nocturnes. Après les mois chauds de l'été, le lac est tant réchauffé que le temps peut rester doux jusque tard en automne.

1514

Im reichen Chorgestühl der Schlosskirche von Friedrichshafen hat der Bildschnitzer Martin Höfle auch den Propheten Moses dargestellt, der nach alttestamentarischer Überlieferung der Überbringer der Gebote Gottes war. Die Schlosskirche der Württemberger, die ehemalige Benediktinerkirche St. Andreas, wurde Jahrzehnte nach dem Schwedensturm von 1634 wieder aufgebaut.

In the opulent choir stalls of the Schlosskirche at Friedrichshafen woodcarver Martin Höfle also depicted the prophet Moses, who according to the Old Testament, was a messenger of God. The Schlosskirche of the Württembergs, the former Benedictine church of St. Andrew, was rebuilt decades after the Swedish attack of 1634.

Dans les opulentes stalles de l'église du château de Friedrichshafen, le sculpteur Martin Höfle a également représenté le prophète Moïse à qui, selon l'Ancien Testament, furent remis les commandements de Dieu. L'église du château des Wurtembergs, l'ancienne église bénédictine St. André, ne fut reconstruite que plusieurs siècles après l'assaut de la Suède en 1634.

Teures Liegen – wie in Friedrichshafen so auch in den anderen Yachthäfen rund um den See müssen sich die Bootseigner den Liegeplatz für ihr Traumschiff einiges kosten lassen. Dafür gibt es alljährlich Segel-Highlights wie die „Rundum"-Regatta, die zumeist ein Nachterlebnis ist: Am Abend geht man an die Startlinie, gesegelt wird bis zum Morgen.

An expensive business – at Friedrichshafen and other marinas around the lake, boat owners pay high fees for the privilege of mooring their dream boat. They are rewarded by annual yachting highlights such as the „round-the-lake" regatta, which is mainly a night-time experience: the race starts in the evening and lasts until morning.

Mouillage coûteux – á Friedrichshafen comme dans les autres ports de plaisance autour du lac, les propriétaires de bateaux doivent débourser une certaine somme pour mouiller leur bateau de rêve. Il faut dire que des highlights de voile ont lieu toute l'année, comme par exemple la régate „Rundum" qui se déroule en grande partie de nuit. Le départ est donné le soir, et la course dure jusqu'au matin.

Durch Feld und Wald kann man von Meersburg aus das Städtchen Markdorf erwandern. Im Ring seiner alten Stadtmauer, die sich als willkommene Lärmschutzwand gegen den Verkehr erweist, sind Reste der alten Burganlage erhalten. Unter eng verwinkelten Dächern bieten sich gemütliche Plätze und Gassen mit schmucken Fassaden zum Bummeln an.

A short hike from Meersburg takes one to Markdorf. The remains of the old castle have been preserved within the town walls, forming a welcome barrier against the traffic noise. The town invites one to leisurely explore its quaint little streets and squares with neat facades topped by crooked roofs.

En traversant bois et champs, on peut se rendre à partir de Meersburg dans la petite ville de Markdorf. Ses vieilles murailles, qui s'avèrent une protection bienvenue contre les bruits de la circulation, abritent les vestiges de l'ancien château. Il fait bon flâner sous les toits étroits de la ville tortueuse aux agréables places et ruelles à façades décorées.

In schönster Lage über dem Bodensee: Schloss Hersberg bei Immenstaad. Das Schloss mit dem prächtigen Staffelgiebel datiert bis ins 16. Jh. zurück, entstand aber in heutiger Gestalt doch wohl erst um 1600 „mit einem sehr schönen Weinkeller". Anfangs in Adels-, später in Klosterbesitz, wurde es im 20. Jahrhundert katholisches Internat und in den 90er Jahren ein „Geistliches Haus für Bildung und Erholung".

On a spectacular site above Lake Constance: Schloss Hersberg near Immenstaad. The castle has a magnificent steeped gable and dates back to the 16th century, although the present-day castle „with a lavish wine cellar" was probably not erected until 1600. It originally belonged to the nobility, was subsequently a monastery and became a Catholic boarding school in the 20th century; in the 1990s it was a „spiritual house for education and rest".

Situation de rève au – dessus du lac de Constance : le château Hersberg près d'Immenstaad. Ce château au splendide pignon existe déjà depuis le XVIe siècle, mais n'a sa forme actuelle - y compris sa très jolie cave à vins - que depuis environ 1600. A l'origine propriété de la noblesse, puis d'un monastère, il fut transformé au XXe siècle en internat catholique, puis dans les années 90 en une „Maison spirituelle de la culture et de la détente".

Das markgräflich-badische Schloss Kirchberg nahe beim Feriendorf Immenstaad bietet von März bis November Weinproben und Weinverkauf an. Hoch liegt es über dem See inmitten der eigenen Weinberge, und die Sonne meint es gut mit den Reben. Unten führt ein angenehmer Fußweg durchs parkartige Grün, und über Hagnau kann man bis nach Meersburg wandern, fast immer ufernah.

Schloss Kirchberg, once the property of the Grand Duchy of Baden, near to the holiday village of Immenstaad offers wine-tasting and sales from March to November. It is situated high above the lake, amidst its own vineyards, and the sun means well with the grape vines. Below the castle a pleasant footpath – almost all of it at the lakeside – leads through a park-like landscape to Meersburg via Hagnau.

Kirchberg, château de marquis de Bade situé près du village de vacances d'Immenstaad propose de mars à novembre des dégustations-ventes de vin. Le château, entouré de ses vignobles aux sarments comblés par le soleil, surplombe le lac. En redescendant, un agréable chemin serpente à travers la verdure, et en passant par Hagnau, on peut rejoindre Meersburg à pied en ne s'éloignant pratiquement pas de la berge.

Traumhaft zur Nachtzeit, ein Schmuckstück im Sonnenlicht: Meersburgs Oberes Tor. Schon Goethe kam durch diesen spätmittelalterlichen Torbau, auf dem Weg nach Italien. Mit der Fähre, die den See zwischen Meersburg und Konstanz überquert, ist man in zwanzig Minuten am Südufer des Bodensees. Östlich von Meersburg nennt man ihn „Obersee“, westlich aber „Überlinger See“.

Stunning at night, a pearl in the sunlight: Meerburg's Upper Gate. Goethe once passed through this late mediaeval gate on his way to Italy. The ferry between Meersburg and Konstanz on the south side of the lake takes twenty minutes. To the east of Meersburg it is known as the Obersee (Upper Lake) and to the west Überlinger See.

La porte de la ville haute de Meersburg est de nuit un rêve, et de jour un joyau : Goethe passa jadis sous cette porte datant de la fin du Moyen Age parsqu ´il se rendit en Italie. Le ferry qui fait la navette sur le lac entre Meersburg et Constance atteint en vingt minutes la rive sud du lac de Constance. A l'est de Meersburg, le lac s'appelle „Obersee“, à l'Ouest „Überlinger See“.

Das warme Rot der Hauswände, das kräftige Grün, das die Fassaden umfängt, darüber das Blau eines Sommertages – Meersburg ist Augenlust, immer wieder möchte man Oberstadt und Unterstadt durchwandern. Seit dem 7. oder 8. Jahrhundert baute man an der Meersburg, nach Balthasar Neumanns Plänen entstand im 18. Jahrhundert das Neue Schloss, in mehr als tausend Jahren wuchs das Stadtbild.

The warm red of the facades and the lush green which surrounds them, set against the azure summer sky – Meersburg is a feast for the eyes. One can never be tired of exploring the Oberstadt and Unterstadt. Originally constructed in the 7th or 8th century, the Meersburg has been repeatedly extended and altered over time. The Neues Schloss was designed by Balthasar Neumann in the 18th century. The town in its present form evolved over a period of more than thousand years.

Le rouge chaleureux des murs des maisons, le vert vif entourant les façades, et au dessus le bleu d'une journée estivale – Meersburg est un enchantement pour les yeux, et on ne peut se lasser d'en arpenter la ville haute et la ville basse. La construction du château de Meersburg débuta au VIIe ou VIIIe siècle, le Neues Schloss, lui, fut érigé selon les plans de Balthasar Neumann au XVIIIe siècle. La physionomie de la ville s'est ainsi constituée sur plus de mille ans.

Die Meersburger Seeweine gehören zu den beliebtesten am Bodensee, und in den Gassen, an den Plätzen Meersburgs ist die Auswahl der Gasthöfe groß. Der „Löwen" am Marktplatz mit seinen getäfelten Stuben, dort auch der „Bären" aus dem 17. Jahrhundert und die „Winzerstube zum Becher" in der Höllgasse, die seit 1610 existiert, sind drei der traditionsreichsten Adressen.

The Meersburg lake wines are among the most popular from the Lake Constance area and there is plenty of opportunity to enjoy them in inns and wine taverns tucked away in the town's narrow lanes and squares. The „Löwen" at the Market Place with its panelled rooms, the nearby 17th century „Bären" and the „Winzerstube zum Becher" in Höllgasse, dating back to 1610, are three establishments steeped in tradition.

Les vins de Meersburg comptent parmi les plus appréciés des vins du lac de Constance, et les auberges ne manquent donc pas dans les ruelles et sur les places de la ville. Le „Löwe" sur la Marktplatz (place du marché) avec ses salles lambrissées, le „Bären" datant du XVIIe siècle et le „Winzerstube zum Becher" de la Höllgasse existant depuis 1610 sont trois des adresses les plus traditionnelles.

Hotel -

Meersburgs Steigstraße schmückt sich mit vielerlei Schmuck, mit Fachwerkfassaden und schmiedeeisernen Gittern, mit bunten Souvenirläden und mit dem Brunnen, über dem ein Bär ein Wappenschild hält. Die meisten Meersburg-Besucher sind die Steigstraße schon gegangen, von der Oberstadt hinab zur Unterstadt oder vom See hinauf zum Obertor. Zur Saison drängt sich alle Welt auf diesem Pflaster.

Picturesque Steigstrasse in Meersburg is lined with half-timbered facades and wrought iron work, with brightly coloured souvenir shops and a fountain over which the figure of a bear is holding a shield. Most visitors to Meersburg pass along Steigstrasse when they descend from the Oberstadt to the Unterstadt or climb up from the lake to the Obertor. In the season the town is crowded with tourists from all over the world.

La Steigstraße de Meersburg est parée de bijoux variés : façades décorées et grilles en fer forgé, magasins de souvenirs tout en couleurs, sans oublier la fontaine au dessus de laquelle un ours tient entre ses pattes un blason. La plupart des visiteurs de Meersburg ont déjà parcouru la Steigstraße, dans la direction ville haute vers ville basse, ou bien à partir du lac vers la porte de la ville haute. Pendant la saison, des visiteurs venus du monde entier s'y pressent.

Balthasar Neumann ein immens produktiver Architekt, baute Schlösser, Kirchen, Brücken, Spitäler und entwarf für die Konstanzer Fürstbischöfe auch die Pläne für das 1741 bis 1750 erbaute Neue Schloss in Meersburg (Bildmitte). Im Schloss sind heute das Dornier-Museum und die Städtische Gemäldegalerie (mit Werken von Künstlern des Bodenseeraums) untergebracht.

Balthasar Neumann was an immensely prolific architect who was responsible for building castles, churches, bridges and hospitals. He was also commissioned by the Prince-Bishops of Konstanz to draw up the plans for the Neues Schloss at Meersburg, constructed between 1741 and 1750. Today the castle is home to the Dornier Museum and the Municipal Art Gallery (with works by artists from around Lake Constance).

Balthasar Neumann fut un architecte extrêmement productif, qui construisit châteaux, églises, ponts, hôpitaux et ébaucha également pour les princes-évêques de Constance les plans du Neues Schloss de Meersburg qui fut érigé en 1741 et 1750 (centre de la photo). Le château abrite aujourd'hui le musée Dornier et la galerie municipale de peinture (contenant des œuvres d'artistes de la région du lac de Constance).

FN 32431

Was der Eingang verspricht, hält der Rundgang: In der Meersburg gibt es genug alte Burgenherrlichkeit, Merkwürdiges und Prächtiges zu sehen. Einige Zimmer bewohnte Annette von Droste-Hülshoff, und sie sind im Südturm so erhalten, wie die Dichterin sie bis zu ihrem Tod am 24. Mai 1848 benutzte: „Auf der Burg haus' ich am Berge, unter mir der blaue See...“

The entrance augurs well for the tour to come: the Meersburg is a quintessential mediaeval castle, with a wealth of curious and splendid features. In the south tower the living quarters of Annette von Droste-Hülshoff have been preserved as they were at the death of the famous poet on 24 May 1848: „I live in the castle on the hill, beneath me the blue lake...".

Ce que l'entrée promet, la ronde s'y tient : le château de Meersburg est empreint de l'antique majesté des châteaux forts, curiosités et splendeurs n'y manquent pas. Annette von Droste-Hülshoff vécut dans certaines pièces de la tour Sud, qui sont conservées en l'état dans lequel la femme de lettres les laissa le jour de sa mort le 24 mai 1848: „Le château sur le versant est ma demeure, en dessous brille le lac bleu...“

Eines der interessantesten Museen am Bodensee ist Unteruhldingens „Freilichtmuseum deutscher Vorzeit". Schon um 1920 rekonstruierte der Archäologe Hans Reinerth am Bodenseeufer stein- und bronzezeitliche Pfahlbauten und gründete das Freilichtmuseum. Heute ist allerdings erwiesen, dass die Pfahlbauten einst nicht im, sondern am Wasser standen.

One of the most interesting museums in the Lake Constance region is the „Open Air Museum of German Pre-History". Around 1920 archaeologist Hans Reinerth reconstructed Stone and Bronze Age lakeside dwellings built on stilts and founded the open air museum. Meanwhile, however, it has been proven that the dwellings were not in the water, but on the bank.

L'un des musées les plus intéressants du lac de Constance est le „Freilichtmuseum deutscher Vorzeit" (musée en plein air des anciens temps allemands) d'Unteruhldingen. Vers 1920, l'archéologue Hans Reinerth reconstitua le long de la rive du lac de Constance des constructions sur pilotis des âges de bronze et de pierre et créa ainsi le musée en plein air. Aujourd'hui, on sait toutefois que les constructions ne se trouvaient pas dans l'eau, mais sur la rive.

Ein schattiger Wanderweg führt von Meersburg über die waldgrünen Höhen nach Unteruhldingen. Noch in der Nähe von Meersburg kommt man beim „Glaserhäusle" vorbei, das zur Zeit der Droste ein Gasthaus war, wo sie mit ihrem Freund Levin Schücking gern einkehrte. Unteruhldingen hat ein schönes naturnahes Strandbad mit altem Baumbestand und auch einen Yachthafen.

A shady biking trail leads from Meersburg over the wooded green heights to Unteruhldingen. Not far from Meersburg one passes the „Glaserhäusle", which in Droste's times was an inn where she used to stop off with her friend Levin Schücking. Unteruhldingen has a natural bathing place surrounded by beautiful old trees, as well as a marina.

Un chemin ombragé mène de Meersburg à Unteruhldingen à travers les hauteurs boisées. Près de Meersburg, on croise la „Glaserhäusle" qui était à l'époque d'Annette von Droste-Hülshoff une auberge qu'elle fréquentait volontiers avec son ami Levin Schücking. Unteruhldingen possède une belle plage naturelle avec une plantation d'arbres et un port de plaisance.

Ob Felchen, Hecht oder Seeforelle, die Fischer vom Bodensee können sich nicht allein auf die Natur verlassen. Damit sie auch in Zukunft noch Fische fangen können, werden in den Brutanstalten am See aus Fischlaich Jungfische gezüchtet und in Wasserbecken angefüttert, bis sie im See ausgesetzt werden können. Genau geregelt sind auch Fangquoten und Fangzeiten.

Whitefish, pike or lake trout: anglers at Lake Constance cannot rely on nature alone. So that there will still be fish to catch in future, young fish are being bred from spawn in fishponds and fed until they have reached a sufficient size to be released into the lake. The fishing quota and season are strictly regulated.

Qu'il s'agisse de féras, de brochets ou de truites, les pêcheurs du lac de Constance ne peuvent s'en remettre uniquement à la nature. Afin qu'ils aient encore dans le futur des poissons à pêcher, des élevages d'alevins ont été créés dans des bassins du lac. Quand ils sont suffisamment gros, les jeunes poissons sont lâchés dans le lac. Les quotas de pêche et les périodes où la pêche est autorisée sont strictement réglementés.

Traditionsreiche Bodensee-Winzer. Mit Dankbarkeit erinnert man sich bis heute an einen Pfarrer und Schriftsteller aus dem Schwarzwald: Heinrich Hansjakob (1837–1916) war es, der dem Weinbau im späten 19. Jahrhundert neue Impulse gab und 1881 im Weindorf Hagnau die erste Winzergenossenschaft Badens gründete.

Old-established Lake Constance vintner tradition. A parish priest and writer from the Black Forest is gratefully remembered still today: Heinrich Hansjakob (1837–1916) gave substantial impetus to the winegrowing industry in the late 19th century when he founded the first winegrowers' cooperative in Baden at Hagnau in 1881.

Traditionnels vignerons du lac de Constance. C'est avec reconnaissance que l'on se souvient aujourd'hui d'un prêtre et écrivain de la Forêt Noire, Heinrich Hansjakob (1837–1916), qui relança à la fin du XIXe siècle la culture de la vigne et fonda dans le village de vignerons d'Hagnau la première coopérative viticole de Bade.

Warum darf der Putto in der Birnau-Kirche am Honigtopf schlecken? Das liebenswürdige kleine Kunstwerk des „Honigschleckers“ am rechten Seitenaltar, das aller Besucher Blicke auf sich zieht, wird von manchen als ein Gleichnis für den hl. Bernhard gedeutet, von dem es heißt, seine „Rede floss wie Honig“.

Why is the cherub at Birnau church allowed to lick the honeypot? All eyes are drawn to the „honey sucker“, a delightful little work of art adjacent to the right-side altar, which some consider to be the image of St. Bernhard himself – his sermons are reputed to have „flowed like honey“.

Pourquoi l'angelot de l'église de Birnau a-t-il le droit de se régaler avec le pot de miel? L'„Honigschlecker“, adorable petite œuvre d'art près de l'autel secondaire de droite qui attire immanquablement le regard de tous les visiteurs, est considéré par certains comme une allégorie de Saint Bernard, dont, dit-on, „le discours coulait comme du miel“.

Der Platz ist ideal gewählt, lässt den schlossartigen Kirchenbau mit den flankierenden Wohngebäuden und dem schlanken Turm hoch über dem Bodenseeufer von weit her sichtbar werden und schenkt den Pilgern den atemraubend schönen Ausblick von der Terrasse über den See. Die Zisterzienser-Wallfahrtskirche St. Maria, kurz Birnau genannt, entstand 1746–50, ein wahres Rokokowunder.

The location is perfect. The palace-like church building with slender steeple and flanked by houses, sitting high above the shore of Lake Constance is clearly visible from afar. Pilgrims can enjoy a spectacular lake panorama from the terrace. The Cistercian pilgrimage church of St. Mary, built between 1746 and 1750 and known as Birnau Church, is a true wonder of rococo style.

L'endroit est parfaitement choisi: il permet d'apercevoir de loin, dominant la rive du lac de Constance, l'église à la construction semblable à un château, avec ses bâtiments d'habitation de flanquement et son étroite tour, et il offre aux pèlerins qui sortent sur la terrasse un point de vue splendide sur le lac. L'église de pèlerinage cistercienne Ste Marie, dite de Birnau, fut construite en 1746–50 et est un pur joyau du style rococo.

Eine fürstliche Abtei bauten sich die schon im Mittelalter reich gewordenen Zisterzienser-Äbte von Salem um 1700 – obwohl ihnen ihre strenge Ordensregel mit dem Armutsgebot solchen Aufwand eigentlich untersagte. Später im Besitz der Markgrafen von Baden, ist die Abtei Salem heute ein Freizeitzentrum mit einem Kunsthandwerkerdorf, mehreren Museen, Weinverkauf und Golf Driving-Range.

The Cistercian monks of Salem, who had already accumulated great wealth in the Middle Ages, built themselves a splendid abbey around 1700 – although the strict rules of their order should in actual fact have prohibited them from indulging in this display of opulence. The abbey at Salem was later owned by the Grand Duchy of Baden and today it is a leisure centre with an artists' village, several museums, wine sales and a golf driving range.

Les abbés cisterciens de Salem, devenus riches au Moyen Age, se firent construire vers 1700 une somptueuse abbaye – bien qu'en fait, de telles dépenses fussent interdites par la stricte règle de leur ordre et l'obligation de pauvreté. L'abbaye de Salem, ayant appartenu par la suite aux marquis de Bade, est aujourd'hui un centre de loisirs incluant un village d'artisans, divers musées, une vente de vin et un practice de Golf.

Da lacht das Herz – angesichts solcher Äpfel. Die rund 2000 Obstbauern vom Bodensee bringen jährlich eine Ernte von rund 200.000 t ein, davon den Großteil Äpfel, eine Menge, die sich niemand vorstellen kann. Zur Freude vieler Käufer werden auch ältere Sorten wieder angebaut, wie der „Salemer Klosterapfel", der „Kardinal Bea" und der „Prinzenapfel".

The heart leaps with joy at the sight of such apples. About 2000 orchard owners around Lake Constance harvest approx. 200,000 tonnes of fruit every year, mostly apples. To the delight of many consumers, old varieties such as the „Salem Monastery", „Cardinal Bea" and „Prince's Apple" are being grown once again.

Le cœur bondit à la vue de telles pommes ! Les quelque 2000 arboriculteurs du lac de Constance récoltent annuellement environ 200 000 t de fruits, principalement des pommes, – une quantité inimaginable. A la grande joie de beaucoup d'acheteurs, des variétés oubliées de pommes, telles que la „Salemer Klosterapfel", la „Kardinal Bea" ou la „Prinzenapfel", sont à nouveau cultivées.

Hoch über dem Überlinger See auf Waldwegen von Überlingen nach Ludwigshafen zu wandern, immer wieder mit dem Blick auf die Steilufer der Halbinsel Bodanrück – das ist für Naturfreunde eines der reizvollsten Bodensee-Erlebnisse. Am Wege: eine Gletschermühle, die Wasserfälle im Hödinger Tobel, Sandstein-Felstürme (die „Churfirsten") und Muschel- und Fischeinschlüsse am Geologischen Lehrpfad.

One of the greatest delights for nature lovers high above Überlingersee is the woodland hiking trail from Überlingen to Ludwigshafen, which offers many views of the steep shoreline of the Bodanrück peninsular. It passes the Gletschermühle, the waterfalls in the Hödinger Tobel, the „Churfirsten" (towering sandstone rocks) and fossils of fish and molluscs on a geological nature trail.

Faire une randonnée de Überlingen vers Ludwigshafen sur les chemins forestiers surplombant l'Überlinger See, et pourvoir jeter de temps en temps un regard sur les rives escarpées de la péninsule de Bodanrück, voici l'une des expériences les plus attrayantes que le lac de Constance offre aux amis de la nature. Sur le chemin, ils croiseront un moulin de glacier, les chutes d'eau de l'étroit ravin d'Höding, des tours rocheuses en grès (les „Churfirsten") et des inclusions de poissons et coquillages sur le sentier d'apprentissage de la géologie.

Mächtig thront der Renaissancebau von Schloss Heiligenberg etwa zehn Kilometer nördlich von Meersburg über Talbreiten und Hügelkuppen des Linzgaus. Noch immer ist die Burg im Besitz der Grafen von Fürstenberg, die sie im 16. Jahrhundert zum Wohnschloss ausbauten. Einzigartig ist die Prunkkassettendecke des riesigen Rittersaals mit ihren 1200 geschnitzten Figuren.

The Renaissance style Schloss Heiligenberg, about ten kilometres north of Meersburg, sits majestically above the hilltops and valleys of the Linzgau region. The castle is still owned by the Counts of Fürstenberg, who extended the original citadel in the 16th century. The magnificent coffered ceiling of the huge banqueting hall with its 1200 carved figures is quite unique.

A environ dix kilomètres au nord de Meersburg, le majestueux château de la Renaissance, le Schloss Heiligenberg, domine les larges vallées et les dômes des collines du Linzgau. Le château appartient encore aux comtes von Fürstenberg, qui le rendirent habitable au XVIe siècle. Le somptueux plafond à caissons de la salle d'armes, avec ses moulures représentant 1200 figures, est unique.

Fünf Kilometer lang ist Überlingens Seepromenade, subtropisch grünt's im Stadtgarten, Hunderte von Caféhaus- und Restauranttischen laden um den Hafen und in den malerischen Altstadtgassen zum Genießen – und über allem steht der robuste Turm des gotischen Nikolaus-Münsters, mit dem sich die Freie Reichsstadt in der Spätgotik schmückte (Bauzeit von 1350 bis 1586). Links: Wenn gefeiert wird in Überlingen, wie jedes Jahr bei der Schwedenprozession in Erinnerung an den Dreißigjährigen Krieg, setzen sich die Schönen goldene Kronen auf.

The lakeside promenade at Überlingen is five kilometres in length and the municipal gardens boast a variety of subtropical plants. Hundreds of seats in cafés and restaurants at the harbourside and in the picturesque narrow lanes of the old town invite the visitor to sit back and enjoy the atmosphere – and the entire scene is overlooked by the sturdy tower of the Gothic-style Nikolaus Münster (built between 1350 and 1586), which has been a striking feature of the free imperial town since late Gothic times. Left: Whenever Überlingen celebrates, such as the annual Swedish procession to commemorate the Thirty Years War, the town's beauties put on golden crowns.

Cinq kilomètres de promenade le long de la Seepromenade d'Überlingen ; un jardin aux plantes subtropicales et des centaines de tables de cafés et de restaurants autour du port et dans les ruelles pittoresque de la vieille ville qui invitent à savourer la vie. Avec, sur les hauteurs de la ville, la robuste tour de la cathédrale gothique Saint-Nicolas dont la riche ville libre d'Empire se para pendant le gothique flamboyant (construction de 1350 à 1586).
A gauche : Lorsqu'Überlingen est en fête, comme chaque année lors de la procession de Suède en commémoration de la guerre de trente ans, les belles se mettent des couronnes dorées sur la tête.

Genuss wird groß und auch schon mal auf italienisch geschrieben, „Ristorante" heißt es statt Restaurant an Überlingens Hafen. Hier tafelt man in einem ehemaligen Lager- und Kornhaus, „Greth" genannt. Handel mit Salz, Wein und Getreide machte Überlingen reich. Heute ist Überlingen auch Kneippheilbad und hilft in Kurkliniken der Gesundheit seiner Gäste auf.

Gourmet delights are rated highly here – and often written in Italian. The restaurant at the harbour in Überlingen is a „ristorante", housed in a former warehouse and grain store named „Greth". Überlingen's prosperity in olden days was based on the trade with salt, wine and grain. Today it is a Kneipp spa where visitors can restore their health in sanatoriums.

Les plaisirs de la table sont annoncés en gros et même en italien sur le port d'Überlingen, „Ristorante", et non pas „Restaurant". Ici, on se restaure dans un ancien silo à grains, le „Greth". Aujourd 'hui, Überlingen est une station de bains médicinaux Kneipp dont les cliniques de cure veillent à une convalescence agréable des patients.

Hauptstück unter allen Kirchen- und Museumsschätzen Überlingens ist der großartige Hochaltar im Münster St. Nikolaus, den Jörg Zürn aus Waldsee 1613 bis 1619 gemeinsam mit seinem Vater und einem Bruder schuf. 23 lebensgroße Schnitzfiguren schmücken den Altar, der im Übergang von der Renaissance zum Frühbarock steht.
Bild: der hl. Michael als Drachentöter.

The masterpiece of all Überlingen's church and museum treasures is certainly the magnificent altar in the St. Nikolaus Minster, created between 1613 and 1619 by Jörg Zürn of Waldsee together with his father and brother. Twenty-three life-size carved figures adorn the altar, which originated in the transitional period from the Renaissance to early baroque.
Pictured here: St. Michael the dragon killer.

Le trésor le plus précieux des églises et musées d'Überlingen est le magnifique maître-autel de la cathédrale Saint-Nicolas, que Jörg Zürn de Waldsee sculpta entre 1613 et 1619 avec son père et de son frère. L'autel, dont le style se situe entre la fin Renaissance et le début du baroque, est orné de 23 personnages grandeur nature.
Photo: Saint Michel terrassant le dragon.

In Stille erlebt man den Überlinger See, wenn man an seine nordwestliche Spitze kommt. Dort bietet abseits größerer Straßen der freundliche Erholungsort Ludwigshafen seinen Gästen gepflegte Rasenflächen und Blumenrabatten, ein Freibad und viele Ausflugsziele – auf kleinen Schiffen kommt man zum Beispiel zur Halbinsel Bodanrück und zur steil eingeschnittenen Marienschlucht.

The Überlingersee is at its most serene at the northwestern end, where the cheerful tourist centre of Ludwigshafen delights its guests with well-kept lawns and flower beds. The village, aside from major roads, has an open-air swimming pool and is an excellent base from which to make excursions – for instance, by boat to the Bodanrück peninsular and the steep-sided „Marienschlucht" gorge.

Pour contempler l'Überlinger See en toute tranquilité, on peut se rendre sur sa pointe nord-ouest. Là, à l'écart des grandes routes, Friedrichshafen est un agréable lieu de repos aux pelouses et parterres de fleurs soignés, qui en plus de sa piscine découverte offre aux visiteurs de nombreuses possibilités d'excursions: on peut par exemple sur de petits bateaux se rendre sur la péninsule de Bodanrück et la Marienschlucht (gorge) au relief escarpé.

Sipplingen, einst ein Fischer- und Winzerdorf, hat sich für Gäste fein gemacht, mit schön renovierter Pfarrkirche St. Martin und Georg, Rathausplatz und Wirtshäusern, an denen üppige Schilder noch den österreichischen Doppeladler zeigen. In der Pfarrkirche kann man Schnitzfiguren der Namenspatrone sehen, die von Joseph Anton Feuchtmayer geschaffen wurden.

Sipplingen, once a fishing and wine-growing village, has dressed itself up for its guests, with the beautifully renovated parish church of St. Martin and George, the Town Hall Square and its inns, whose elaborate signs still bear the Austrian double eagle. In the church one can admire the figures of the patron saints, carved by Joseph Anton Feuchtmayer.

Sipplingen, ancien village de pêcheurs et de vignerons, s'est fait beau pour ses visiteurs : église paroissiale Saint-Martin et Saint-Georges rénovée avec goût, place de l'hôtel de ville et auberges aux opulents écussons représentant encore l'aigle impérial autrichien. Dans l'église, on peut admirer des sculptures dans le bois représentant des saints patrons, œuvre de Joseph Anton Feuchtmayer.

Nach Karneval oder Fasching soll man am Bodensee nicht fragen. Denn die Alemannen feiern die „Fasnet" mit dem „Schmotzigen Dunschtig" (= Schmutzigen Donnerstag), mit Narren in weißen „Häs"-Gewändern und faszinierend wilden Masken. Die sind im Fasnachtsmuseum auf Schloss Langenstein das ganze Jahr zu sehen.
Bild: Hofnarr Kuony von Stocken in Stockach nördlich von Ludwigshafen.

Around Lake Constance one should never enquire about „carnival" or „Fasching". For the Alemanni celebrate „Fasnet" and „schmotzigen Dunschtig" (= smutty Thursday) with clowns in white costumes and fascinating masks. These can be viewed all-year round at the Fasnachtsmuseum at Schloss Langenstein.
Pictured here: Court jester Kuony von Stocken in Stockach, north of Ludwigshafen.

Inutile au lac de Constance de se renseigner sur le „Fasching" ou carnaval. Car les Alemans fêtent le „Fasnet" avec le „Schmotzigen Dunschtig" (=schmutzigen Donnerstag, ou „jeudi sale") avec des bouffons déguisés en habits blancs aux masques sauvages et fascinants. Ces personnages sont à voir toute l'année au Fasnachtsmuseum (musée du carnaval) du château de Langenstein.
Photo : bouffon de la cour Kuony von Stocken à Stockach au nord de Ludwigshafen.

Sonnenblumenfelder und romantisch urtümliche Waldtäler, Reste einer karolingischen Königspfalz (in Bodman), die Burg Frauenberg, in deren Klosterräumen wieder eine kleine christliche Gemeinschaft lebt – all das ist auf der Halbinsel Bodanrück zu finden. Ihre nördliche Seite fällt so steil zum Überlinger See ab, dass am Ufer kilometerweit kein Raum bleibt für eine Straße.

Fields of sunflowers, romantic, untouched wooded valleys and Burg Frauenburg at Bodman, the remains of a Carolingian palace, whose convent rooms once again accommodate a small Christian community – all this can be found on the Bodanrück peninsular. Its northern side bordering Überlinger See is so steep that over a distance of several kilometres there is no room for a road along the shoreline.

Sur la péninsule de Bodanrück, on trouve des champs de tournesols et vallées boisées au romantisme intouché, des vestiges d'un château impérial carolingien (à Bodman), et le château Frauenberg dont le cloître est à nouveau habité par une petite communauté chrétienne. Au Nord, Bodanrück est si escarpée que toute construction de route le long de sa rive est impossible sur plusieurs kilomètres.

Das klassizistische Schloss der Grafen von Bodman am Ortsrand von Bodman, von dem auch der Bodensee seinen Namen haben soll. Noch fast tausend Jahre älter als das Grafenschloss sind die Spuren der karolingischen Pfalz nördlich der heutigen Pfarrkirche von Bodman. Der Schlosspark mit seinem biedermeierlichen Pavillon auf einer Aussichtshöhe und altem Baumbestand steht Besuchern offen.

The classical castle of the Counts of Bodman on the northern outskirts of Bodman – which is said to have given its name to the lake (German: „Bodensee"). Almost a thousand years older than the castle are the vestiges of the Carolingian palace to the north of the present-day parish church of Bodman. The castle grounds with their Biedermeier-style hilltop pavilion and stock of old trees are open to the public.

Le château de style classique des comtes von Bodman, situé à la sortie de Bodman, lieu dont, dit-on, le lac de Constance (Bodensee) tient son nom. Le château a presque 1000 ans de moins que les vestiges du palais impérial carolingien au nord de l'église de Bodman. Son parc et son pavillon de style Restauration construit en hauteur sur une vieille plantation d'arbres sont ouverts à la visite.

Kaum einen Meter breit ist an mancher Stelle die Passage durch die Marienschlucht. So wildromantisch wie hier ist die Bodenseelandschaft nirgendwo sonst zu erleben. Der gesicherte Steg ist teils über, teils neben dem Bachbett voller moosüberwachsenem Altholz ausgebaut. Ist man zum Ufer abgestiegen, bleibt die Wahl: ein schmaler Pfad am Wasser oder eine Schiffsfahrt.

In parts the passage through the Marienschlucht is hardly a metre wide. Nowhere is the landscape around Lake Constance more wildly romantic. The secured footpath is partly above, partly beside the stream bed filled with moss-covered wood. Once the shore has been reached, there are two ways to continue: along a narrow shoreline footpath or by boat.

A certains endroits, le passage à travers la Marienschlucht (gorge) fait à peine un mètre de large. Les paysages du lac de Constance ne sont pratiquement nulle part ailleurs d'un romantisme aussi sauvage. Le chemin protégé par des barrières qui passe au-dessus ou à côté du lit du ruisseau est fait de vieux bois recouvert de mousse. Une fois descendu jusqu'à la rive du lac, on a le choix entre un étroit sentier longeant le bord de l'eau ou une traversée en bâteau.

Im Bauernkrieg brannte die mittelalterliche Burg ab, erst um 1700 wurde an gleicher Stelle das Barockschloss Freudental erbaut. In den elegant stuckierten Räumen wird heute mehr gearbeitet als gefeiert, Seminare stehen auf dem Programm. Wer mag, kann auch als Hotelgast einziehen.

The mediaeval fortress was burnt down in the Peasants' War and not until 1700 was the baroque Schloss Freudental built on the same site. Today the elegant stuccoed rooms are used more for working than for celebrating: seminars are held here. Those wishing to stay overnight can check in at the hotel.

Pendant le guerre des Paysans, le château médiéval fut brûlé, et ce n'est qu'autour de 1700 que le château baroque Freudental fut érigé sur le même emplacement. Les pièces aux structures élégantes servent aujourd'hui davantage à travailler qu'à festoyer. En effet, des séminaires y sont organisés. Pour ceux qui le souhaitent, le château est aussi un hôtel.

Ausatmen, zur Ruhe kommen – dazu ist die Landschaft des Bodanrück gut, mit Feldern und Waldstücken, die man stundenlang durchwandern kann. Nur hin und wieder begegnet man einem Bauern auf seinem Traktor. Dörfer wie Langenrain und Liggeringen laden zur Einkehr.

Breath out, and relax – one can walk for hours through the countryside of the Bodanrück with its fields and copses, occasionally meeting a farmer on his tractor. Villages such as Langenrain and Liggeringen invite one to stop off for refreshments.

Le paysage de Bodanrück est une invitation à respirer à fond et se détendre ; les bois et les champs permettent de longues randonnées même pas interrompues de temps en temps par un paysan sur son tracteur. Des villages comme Langenrain ou Liggeringen semblent convier le promeneur à une petite visite.

Die größte Stadt am Bodensee ist Konstanz, aber großstädtisch ist sie nicht, mit rund 80.000 Einwohnern. Zum Flanieren, Bummeln und und Sich–wohl–sein–lassen lädt die Stadt an der Grenze zur Schweiz ein. Das wichtigste Ereignis ihrer Geschichte war das Konzil von 1414–18, mit dem das lange Schisma (Spaltung) der Päpste endete.
Bild: das historische Konzilsgebäude.

The largest town on Lake Constance is Konstanz, although with its 80,000 inhabitants it cannot exactly be called a conurbation. The urban centre on the Swiss frontier is a good place to saunter, shop and enjoy oneself. The most important event in its history was the Council of Constance, which convened here from 1414–1418. Its primary mission was to heal the schism (split) which had resulted in three rival popes. Pictured here: the historic Konzilsgebäude (Council Building).

Constance est la plus grosse ville du lac de Constance, mais pas vraiment une grande ville avec ses 80000 habitants. Là, à la frontière de la Suisse, il fait bon flâner, faire des emplettes et se délasser. L'événement marquant de l'histoire de la ville fut le concile de 1414–1418, qui mit fin au long schisme des papes. Photo : le bâtiment historique du concile.

Anfangs heftig umstritten, aber schon nicht mehr aus dem Stadtbild wegzudenken: die fast zehn Meter hohe, vom Bildhauer Peter Lenk geschaffene Gestalt der „Imperia", die sich seit 1993 unaufhörlich langsam über der Hafeneinfahrt um sich selber dreht – in ihren Händen Kaiser und Papst als Puppen, ein provozierendes Symbol für die Abhängigkeiten von Autoritäten.

An object of controversy when it was unveiled in 1993, meanwhile it is hard to imagine the town's silhouette without it: the almost ten metre high „Imperia" at the harbour entrance. It was created by sculptor Peter Lenk and has been revolving continuously ever since – in her hands the Emperor and the Pope as puppets in mockery of dependence on authority.

Elle fut le sujet de violentes controverses, mais est maintenant indissociable de la physionomie de la ville : l' „Imperia" de presque dix mètres de haut, œuvre du sculpteur Peter Lenk, qui depuis 1993 tourne lentement et inlassablement sur elle-même à l'entrée du port. Elle tient entre ses mains des figurines représentant l'empereur et le Pape, un symbole plein de provocation de la dépendance des pouvoirs.

Mit dem Ausflugsschiff auf den See hinauszufahren – dieses Programm besetzt noch immer einen der vorderen Plätze unter den Urlaubsaktivitäten am Bodensee. Manche halten's nach der Regel: auf der Fähre Konstanz-Meersburg so lange mit den Freunden hin und herfahren, bis ein Kasten Bier leer ist. Fragt sich, wieviele Freunde bei der feuchtfröhlichen Runde mittun.

An excursion on the lake – this is still at the top of the agenda for most visitors. Some keep to the rules: they cross back and forth on the ferry between Konstanz and Meersburg until they and their friends have emptied a crate of beer. The question is only how many friends one can persuade to join the merry round.

Les sorties en bateau sur le lac occupent toujours une place de choix parmi les activités des vacanciers. Certains les effectuent dans les règles de l'art et font avec des amis des navettes sur le ferry Constance-Meersburg jusqu'à ce que la caisse de bière soit vide. Reste à savoir combien d'amis participent à la tournée joyeuse (et bien arrosée).

Vier Jahrhunderte alt ist es und heißt noch immer „neu" – das Neue Rathaus nämlich, 1589 bis 1594 erbaut und ursprünglich Zunfthaus der Leineweber. Der ansehnliche Renaissancehof ist eine Insel der Ruhe im städtischen Getriebe. Konstanz, die Freie Reichsstadt, hatte sich vom Katholizismus ab- und dem Protestantismus zugewendet und war 1548 unter die Herrschaft Österreichs gekommen.

It may be four hundred years old, but it is still referred to as the „Neues" Rathaus (New Town Hall) – originally built as the guildhall of the linen weavers between 1589 and 1594. The attractive Renaissance courtyard is an oasis of peace aside from the bustle of the town. Konstanz, the free imperial town, turned from Catholicism to Protestantism and fell under the rule of Austria in 1548.

Sa construction date de quatre siècles, mais il s'appelle encore „Neu" (nouveau): il s'agit du Neues Rathaus (hôtel de ville) érigé entre 1589 et 1594, qui abritait à l'origine le siège d'une corporation de tisserands. La belle cour Renaissance est un havre de paix au milieu de l'agitation de la ville. Constance, ville libre d'Empire, s'était détournée du catholicisme au profit du protestantisme et était devenue autrichienne en 1548.

Wie ein Bilderbuch erzählt die Fassade des Neuen Rathauses Geschichten aus der Stadtgeschichte, unter anderem Szenen mit dem Stauferkaiser Friedrich Barbarossa. Diese Bilder stammen aus dem 19. Jahrhundert. Mehr über die Vergangenheit findet man im Archäologischen Landesmuseum, im Husmuseum und im hochberühmten Rosgartenmuseum – mit einem großen Stadtmodell im Obergeschoss.

Just like a picture book, the facade of the Neues Rathaus tells stories from the history of Konstanz, including scenes with the Staufer Emperor Friedrich Barbarossa. These pictures originated in the 19th century. The town's past can be explored in more detail at the State Museum of Archaeology, the Husmuseum and the famous Rosgartenmuseum – with a large model of the town on the first floor.

La façade du Neues Rathaus (hôtel de ville) raconte tel un livre d'images des récits de l'histoire de la ville, entre autres des scènes représentant l'empereur Frédéric Barberousse de la famille des Staufer. Ces peintures datent du XIXe siècle. Pour en apprendre davantage sur le passé de la ville, il est intéressant de visiter l'Archäologisches Landesmuseum (musée régional d'archéologie), le musée Hus et le très réputé musée Rosgarten (avec une grande maquette de la ville à l'étage supérieur).

An der „Marktstätte“ in der Konstanzer Altstadt hat der Bildhauer Peter Lenk den Kaiserbrunnen des 19. Jahrhunderts mit Gestalten der eigenen Phantasie ergänzt, Bronzeskulpturen, die Erwachsene ebenso wie Kinder mehr zur Aufmerksamkeit herausfordern als der historische Sandsteinobelisk – das Kaiser-Denkmal stiftet wieder zum Denken an.

In the 19th century sculptor Peter Lenk added figures derived from his own fantasy to the Kaiserbrunnen fountain, situated at the Marktstätte (Market Place) in the old town of Konstanz. His bronze sculptures inspire adults and children alike – even more than the sandstone obelisk, which stimulates one to reflect for a moment.

Sur la „Marktstätte“ de la vieille ville de Constance, le sculpteur Peter Lenk a ajouté à la fontaine du XIXe siècle des sculptures de bronze, personnages sortis de sa propre imagination qui attirent davantage l'attention des adultes et enfants que l'obélisque en grès, monument historique incitant plutôt à un retour à la réflexion.

Blickpunkt von vielen Stellen der Stadt: der Turm des Münsters Unserer Lieben Frau, das 1089 geweiht wurde. Hier hatte das Konstanzer Konzil seine wichtigste Tagungsstätte, hier verteidigte sich der böhmische Reformator Johannes Hus, dem das Konzil freies Geleit zugesagt hatte, gegen die Anschuldigung der Ketzerei. Das Konzil brach sein Versprechen und verurteilte ihn. Die alte Steinplatte, auf der Hus damals stand, wird im Mittelschiff des Münsters bei der 26. Bankreihe heute noch gezeigt.

A focal point from many points in town: the tower of the Münster (Minster of Our Dear Lady), which was consecrated in 1089. This was where the Council of Constance held its main sessions and it was here that the Bohemian reformer Johannes Hus, whom the council had promised safe conduct, defended himself against the accusation of heresy. The Council went back on its promise and sentenced him to death at the stake. The old stone slab on which Hus stood can still be seen in the nave of the Münster adjacent to the 26th row of pews.

On l'aperçoit de nombreux endroits de la ville : la tour de la cathédrale Unser Lieben Frau consacrée en 1089. C'est ici que le concile de Constance tint ses plus importantes sessions et que le réformateur tchèque Jan Hus, auquel le concile avait promis un sauf-conduit, se défendit de l'accusation d'hérésie. Le concile rompit sa promesse et le condamna. On peut encore voir la vieille plaque en pierre sur laquelle Hus se tint jadis, dans la nef centrale près de la 26e rangée de bancs.

Der goldene Adler auf der kreisrunden Metallscheibe schmückte einst den Turm des Konstanzer Münsters. Andere Kunstschätze des Münsters sind vor allem die Reliefs am Hauptportal, die Simon Haider 1470 schnitzte, der „Schnegg" von 1483 (eine Spindeltreppe im nördlichen Querhaus), das reiche Chorgestühl von 1460 und das Heilige Grab in der Mauritiusrotunde, ein mit Maßwerk verzierter zwölfeckiger Sandsteinbau aus dem Jahr 1260. Ein Meisterwerk ist auch der große Flügelaltar mit der Kreuzigung Christi, 1524 von Christoph Bockstorffer geschaffen.

The golden eagle on the circular metal disk once adorned the tower of the Münster in Konstanz. Other treasures to be found in the Münster are the reliefs at the main portal, carved by Simon Haider in 1470, the „Schnegg" (literally „snail") of 1483 (a spiral staircase in the north transept), the choir stalls dating back to 1460 and the Heilige Grab (holy sepulchre) in the Mauritius Rotunda, a crown-shaped, twelvesided sandstone structure of 1260. A masterpiece is the great winged altarpiece depicting a scene from the crucifixion, carved in 1524 by Christoph Bockstorffer.

L'aigle doré figurant sur le disque de métal orna jadis la tour de la cathédrale de Constance. Celle-ci contient encore d'autres joyaux, en particulier les figures en relief du portail principal sculptés par Simon Haider en 1470, le „Schnegg" datant de 1483 (noyau d'escalier dans l'aile nord du bâtiment transversal), les opulentes stalles datant de 1460 et le Saint Sépulcre dans la rotonde Mauritius, construction dodécagonale en grès décorée de meneaux gothiques (1260). Le grand retable à volets représentant la crucifixion du Christ, que l'on doit à Christoph Bockstorffer (1524), est remarquable.

Buntprächtiger Giebelschmuck am ehemals großherzoglich badischen Schloss auf der Insel Mainau ist das Deutschordenswappen – denn Bauherren des Schlosses waren im 18. Jahrhundert die Deutschordensritter. 1853 wurde die Insel zur Sommerresidenz der badischen Großherzöge, 1932 erbte sie Graf Lennart Bernadotte – und machte mit seiner Frau Gräfin Sonja die Mainau zur Blumeninsel.

The magnificently coloured arms of the Teutonic Order of Knights adorn the gable of the former castle of the Grand Duchy of Baden on the island of Mainau – for the castle was built in the 18th century by the Teutonic Knights. In 1853 the island became the summer residence of the Grand Dukes of Baden and Count Lennart Bernadotte inherited it in 1932. He and his wife Countess Sonja made Mainau into the garden isle it is today.

On peut admirer au château grand-ducal badois de l'île de Mainau un splendide blason de l'Ordre teutonique ornant le pignon ; en effet, parmi les maîtres d'œuvre du château se trouvaient au XVIIIe siècle des chevaliers de l'Ordre teutonique. En 1853, l'île devint la résidence d'été des grands-ducs badois, et en 1932, le comte Lennart Bernadotte en hérita, et la transforma avec sa femme la comtesse Sonja en Mainau, l'île florale.

Im Rosengarten des Mainau-Schlosses, das von dem Italiener J.K. Bagnato erbaut wurde, ließ Großherzogin Luise Marmorskulpturen der vier Jahreszeiten aufstellen.

Grand Duchess Luise had marble sculptures depicting the four seasons erected in the rose garden at Schloss Mainau, which was laid out by the Italian J.K. Bagnato.

La grande-duchesse Louise fit placer dans la roseraie du château de Mainau, construite par l'Italien J.K. Bagnato, des sculptures en marbre représentant les quatre saisons.

Die von Blüten umrahmte „Wassertreppe" auf der Insel Mainau, angelegt nach Vorbildern italienischer Kaskaden. Rechts und links wachsen der Eisenholzbaum, der Perlstrauch aus Ostchina und der – besonders im Herbst – prächtige nordamerikanische Amberbaum. Rundum auf der Insel: 30.000 Rosenstöcke, 300.000 andere Sommerblumen, 300 Sorten Rhododendron und Azaleen.

The „Italian Cascade" on the island of Mainau is framed in by flowery patterns and was designed in the manner of Italian waterfalls. An ironwood tree, a pearl bush from eastern China and an amber tree from North America – particularly spectacular in autumn – grow on either side. In all, the island boasts 30,000 rose bushes, 300,000 other summer flowers and 300 varieties of rhododendron and azaleas.

Le „Wassertreppe" (escalier d'eau) bordé de fleurs de l'île de Mainau, disposé selon le modèle des cascades italiennes. A droite et à gauche se dressent des spécimens de Pau Ferro, d' arbustes perlés de Chine orientale et de – surtout en automne – magnifiques Liquidambar Styraciflua d'Amérique du Nord. L'île contient en tout 30 000 pieds de roses, 300 000 autres fleurs fleurissant l'été, 300 variétés de rhododendrons et d'azalées.

Nach Blumenkohl duftet es auf der Insel Reichenau öfter als nach Weihrauch. Aber die erste Gründung eines Benediktinerklosters auf deutschem Boden im 8. Jahrhundert, die Ausstrahlung der Reichenauer Malschule im 11. Jahrhundert – diese Kulturleistungen leben fort, sind zum Beispiel noch gegenwärtig in den Fresken der romanischen Stiftskirche St. Georg in Oberzell.

On the vegetable-growing island of Reichenau it more often smells of cauliflower than incense. But the founding of the first Benedictine monastery on German soil in the 8th century and the influence of the so called Reichenau School of Art in the 11th century – these cultural achievements live on, for instance in the frescoes of the Romanesque collegiate church of St. Georg in Oberzell.

Les senteurs de chou-fleur sont souvent plus intenses que celles de l'encens sur l'île de Reichenau. Mais la création du premier monastère de bénédictins sur le sol allemand au VIIIe siècle ou encore le rayonnement de l'école de peinture de Reichenau au XIe siècle sont autant de performances culturelles encore bien présentes, par exemple dans les fresques de la basilique romane Saint-Georges à Oberzell.

Das Münster in Mittelzell, auf den Grundmauern der ersten Reichenau-Kirche seit dem frühen 9. Jahrhundert erbaut, wurde in der Gotik mit einem farbig gemalten Kreuzrippengewölbe und zur Rokokozeit mit einem kunstvollen Schmiedeeisen-Gitter geschmückt, Glasfenster der Moderne leuchten geheimnisvoll auf – in dieser Kirche und ihrer Kunst spiegelt sich ein Jahrtausend.

The Münster in the village of Mittelzell, built on the foundations of Reichenau's first church dating back to the 9th century, was adorned with a colourfully painted ribbed vault in Gothic times and an elaborate wrought iron gate in the rococo period. Modern-day glass windows throw light on the secrets of the church and its thousand-year artworks.

La cathédrale de Mittelzell, qui fut érigée à partir du début du IXe siècle sur les soubassements de la première église de Reichenau, fut ornée durant l'époque gothique d'une voute ogivale peinte en couleur et durant le rococo d'une grille artistique en fer forgé; quant aux vitraux à l'éclat mystérieux, ils sont de style moderne. Dans la cathédrale se reflète ainsi un millénaire d'histoire de l'art.

So schön kann Gemüse sein! Die Reichenauer Landwirte zaubern aus Blattsalaten und Kohlköpfen eine rotgrüne „LandArt“ und sorgen mit kilometerlangen Bewässerungsrohren dafür, dass immer alles hübsch frisch nachwächst. Schon der gelehrte Walahfried Strabo (Reichenau-Abt von 842– 849) schrieb eine Gartenlehre. Sein „Hortulus“ (Gärtchen) ist wieder zu besichtigen.

Vegetables can also be beautiful! The farmers of Reichenau conjure up works of red and green „country art“ consisting of lettuce and cabbage. Several kilometres of irrigation pipes ensure that everything stays fresh and crisp. The learned Walahfried Strabo, abbot at Reichenau from 842-849, wrote a book on gardening. His „hortulus“ (garden) can be viewed once again.

Que de magnifiques légumes ! Les agriculteurs de Reichenau transforment comme par enchantement salades et choux en une „LandArt“ rouge et verte et veillent grâce à des canaux d'irrigation à ce que leurs cultures poussent en toute fraîcheur. Jadis déjà, le très érudit Walahfried Strabo (abbé de Reichenau de 842 à 849) rédigea un traité d'horticulture. Son „Hortulus“ (petit jardin) est à nouveau ouvert au public.

Seenebel umwehen die romanische Stiftskirche St. Peter und Paul, deren östliche Teile wohl noch auf die Zeit Kaiser Karls des Großen zurückgehen. Auf einem großen Wandgemälde ist Christus als Weltenrichter dargestellt, darunter in frühchristlicher Kirchentradition zwei Reihen von Heiligen. Die Rokokomalerei der Decke passt nicht zu ihrem Glaubensernst.

Lake mists surround the Romanesque collegiate church of St. Peter and Paul, whose eastern portion probably dates back to the times of the great Charlemagne. Christ is portrayed as a worldly judge on a large mural, and beneath this two rows of saints in the style of early Christian churches. The rococo frescoes are difficult to reconcile with the earnestness of religion.

Les brumes du lac enveloppent la basilique romane de Saint-Pierre et Saint-Paul, dont la partie est remonte à l'époque de Charlemagne. Une grande fresque murale représente le Christ au jour du Jugement. En dessous, deux rangées de Saints, selon la tradition de l'Eglise chrétienne primitive. La peinture rococo du plafond ne convient pas à l'atmosphère de gravité de la Foi.

Radolfzell um 1750
wurde im Jahre
826 durch Bischof
Radolt von Verona
gegründet
BUCHHANDLUNG

Am Zeller See und zugleich am Gnadensee breitet sich Radolfzell um seine gemütliche Altstadt aus. Von Italien her kam der Stadtgründer, dessen Namen die Geschichte überliefert hat: Bischof Ratoldus, Bischof von Verona, der im 9. Jahrhundert ein Kloster („Cella Ratoldi") an der Stelle anlegen ließ, wo 1436 das Münster Mariä Himmelfahrt erbaut wurde.

The scenic old town of Radolfzell borders onto both the Zeller See and Gnadensee. The founder of the town came from Italy and his name has been passed down throughout history: Bishop Ratoldus of Verona, who opened a monastery on the site („Cella Ratoldi") in the 9th century and where the Minster of the Blessed Virgin (Mariä Himmelfahrt) was erected in 1436.

Au bord des lacs Zeller See et Gnadensee, Radolfzell s'est développée autour de son agréable vieille ville. Le nom du fondateur de la ville, venu d'Italie, est aujourd'hui encore connu : il s'agit de l'évêque Ratoldus, évêque de Vérone, qui fit construire au IXe siècle un monastère („Cella Ratoldi") à l'endroit où la cathédrale Maria Himmelfahrt fut érigée en 1436.

Marktstände unter den gotischen Fenstern des Radolfzeller Münsters. Bauern kommen mit ihrem Obst und Gemüse aus den Dörfern in die Stadt. Umgekehrt lockt das Land die Städter, die im nahen Naturschutzgebiet Mindelsee den Hochwald durchwandern und am Schilfgürtel Uferpfade erkunden.

Market stalls beneath the Gothic windows of the Münster in Radolfzell. Farmers from the surrounding villages come here to sell their produce. In return, the countryside attracts the town dwellers to take a walk through the timber forest in the nearby Mindelsee nature reserve or explore the trails through the shoreline reeds.

Etalages sous les vitraux gothiques de la cathédrale de Radolfzell. Les agriculteurs viennent des villages des environs pour vendre leurs fruits et légumes. A l'inverse, les citadins sont attirés par la campagne : ils partent sillonner les futaies de la réserve naturelle Mindelsee située non loin de là et explorer dans les ceintures de roseaux les sentiers du rivage.

Spitzenklöpplerinnen trifft man noch immer im Hegau, dem Land der einst vulkanischen Kegelberge westlich vom Bodensee, um Singen und Stockach. Dem Fotografen zuliebe wird auch die traditionelle Festtracht noch einmal angelegt.

Lacemakers can still be observed at work in and around Singen and Stockach situated in the Hegau region to the west of Lake Constance, a landscape whose main features are former volcanic cones. For photographers the ladies will even put on their traditional costumes.

On rencontre encore des dentellières dans l'Hegau, région de montagnes aux anciens cônes volcaniques à l'ouest du lac de Constance. Pour faire plaisir au photographe, les dames revêtent aussi encore une fois leur costume de fête traditionnel.

Markante Hegau-Höhe und Wahrzeichen Singens: der Hohentwiel, 689 m hoch und mit literarischen wie historischen Erinnerungen verbunden. Victor von Scheffels Roman „Ekkehard" führt in die ferne Vergangenheit des Hohentwiels um das Jahr 1000, im 18. Jahrhundert war die Festung Hohentwiel ein berüchtigtes Staatsgefängnis. Im Winter 1800/1801 wurde sie von französischen Truppen gesprengt.

The 689 metre high Hohentwiel, a prominent Hegau landmark near Singen and the town's symbol, has found its place in literature and history. Victor von Scheffel's novel „Ekkehard" takes the reader into the distant past of the Hohentwiel around the year 1000 and in the 18th century the Hohentwiel fortress was an infamous prison. In the winter of 1800/1801 it was blown up by French troops.

Hauteur marquante de l'Hegau et symbole de Singen: l'Hohentwiel, avec ses 689 m d'altitude, est associé non seulement à la littérature dans le roman de Victor von Scheffel „Ekkehard" qui fait revivre le passé lointain de l' Hohentwiel aux environs de l'an 1000, mais aussi à l'histoire : en effet, au XVIIIe siècle, la forteresse d'Hohentwiel était une sordide prison d'Etat. Durant l'hiver 1800/1801, les troupes françaises la firent sauter.

„Tor zum Hegau und zum Bodensee" ist die kleine Stadt Engen für alle, die von Tübingen und Reutlingen kommen. Sehenswert sind nicht nur die Stadtpfarrkirche, das Rathaus und Patriziergebäude. Die Altstadtrestaurierung in den 70er Jahren des 20. Jahrhunderts hat auch vielen weniger prominenten Gebäuden frischen Glanz gegeben.

For all those approaching from Tübingen and Reutlingen the small town of Engen is the „Gate to the Hegau and Lake Constance". The parish church, the town hall and the town houses are only a few of its sights. The restoration of the historic old town in the 1970's also gave a fresh sparkle to many less prominent buildings.

La petite ville d'Engen est pour tous ceux qui arrivent de Tübingen et Reutlingen la „porte sur l'Hegau et le lac de Constance". L'église de la ville, la mairie et les édifices patriciens ne sont pas les seules curiosités d'Engen. La restauration de la vieille ville dans les années 70 du XXe siècle a également redonné leur fraîcheur à de nombreux autres bâtiments moins connus.

Bunt wie ein Farbkasten: Kürbisse – die großen zum Verspeisen, die kleinen zum Dekor.

As colourful as a paintbox: pumpkins – the bigger ones for eating, the smaller ones as ornaments.

Autant de couleurs que dans une boîte de peinture : les cucurbitacées – les potirons pour se régaler, et les calebasses pour décorer.

64 520

Die Halbinsel Höri südlich von Radolfzell ist abseits der Uferstraßen noch immer ein stilles Gelände mit Feldern und Wäldern, in manchen Winkeln so wie Hermann Hesse vor hundert Jahren einem Freund über das Höri-Dorf Gaienhofen schrieb: „Hierher nach Gaienhofen kommt niemand, das ist doch zu abseits."

Away from the shoreline roads, the Höri peninsular south of Radolfzell is a peaceful oasis of fields and woods. In some out-of-the-way spots it is still as Hermann Hesse described the Höri village of Gaienhofen in a letter to a friend one hundred years ago: „Nobody comes here to Gaienhofen. It's too remote."

Située à l'écart des routes longeant le lac, la presqu'île d'Höri au sud de Radolfzell est restée une campagne tranquille avec des champs et des forêts, ressemblant parfois exactement à la description de Gaienhofen (village de la presqu'île) que fit il y a cent ans Hermann Hesse à un ami dans une lettre : „Personne ne vient ici, à Gaienhofen, c'est bien trop isolé."

Ein Rothenburg am Bodensee ist das schweizerische Städtchen Stein am Rhein, aber viel kleiner als die Tauberperle. Am Rathausplatz (Foto) prunkt fast jedes Haus mit bilderreicher Fassadenmalerei, groß ist die Auswahl an Gasthöfen wie an Museen. Den schönsten Blick hat man von der Burg Hohenklingen, knapp 200 m hoch über der Stadt.

The quaint Swiss town of Stein am Rhein could be regarded as the Rothenburg on Lake Constance, but much smaller than its counterpart on the River Tauber. The houses on the Rathausplatz (picture) view with each other for the title of prettiest painted facade, and the town has a wide selection of inns and museums. A spectacular view can be gained from Burg Hohenklingen, almost 200 metres above the town.

La ville suisse de Stein am Rhein est une Rothenburg du lac de Constance, bien plus petite toutefois que la perle des cités médiévales qu'est Rothenburg sur la Tauber. Sur la place de l'hôtel de ville (photo), chaque maison ou presque arbore une façade richement décorée. La ville possède également de nombreux restaurants et musées. Le plus beau point de vue est celui du château d'Hohenklingen situé presque 200 m au – dessus de la ville.

Nadelspitz steht der Turm der einstigen Abteikirche des Klosters St. Georgen über dem Ufer von Stein am Rhein. Das ehemalige Benediktinerkloster ist mit seinem Museum, dem Schlafsaal der Mönche, dem Kapitelsaal, dem Winterrefektorium (Speisesaal) und anderen interessanten Räumen zu besichtigen, vom Museum aus auch der um 1500 entstandene weinlaubumrankte Kreuzgang.

Like a needlepoint the spire of the one-time abbey church of St. Georgen guards over the shoreline at Stein am Rhein. The former Benedictine monastery with its museum, monks' dormitory, the main hall, the winter refectory (dining hall) and other interesting rooms is open to visitors. Adjoining the museum are cloisters covered with grapevines.

L'ancienne tour de l'église abbatiale du monastère Saint-Georges s'élève en pointe au dessus de la rive de Stein am Rhein. L'ancien monastère de bénédictins est ouvert à la visite : musée, dortoir des moines, salle capitulaire, réfectoire d'hiver et autres salles tout aussi intéressantes. On accède par le musée au cloître recouvert de feuilles de vigne, dont la construction date d'à peu près 1500.

Der wehrhafte Rittersmann in schwerer Rüstung, mit Helmbusch, Schild und Spieß hat sich auf dem Brunnen vor dem um 1540 erbauten Rathaus von Stein am Rhein aufgestellt – in bester Position als ein willkommenes Fotomodell für die Scharen von Touristen, die aus allen Kontinenten in das Städtchen drängen.

The mighty knight in heavy armour, with plume, shield and lance towers above the fountain in front of the Town Hall at Stein am Rhein, built in 1540. In this pose he is a popular model for snapshots by the swarms of tourists who flock to the town from all corners of the globe.

Puissant chevalier dans sa lourde armure, avec panache, bouclier et javelot, debout sur la fontaine située devant l'hôtel de ville de Stein am Rhein, qui date de 1540 environ. De son piédestal, le chevalier est un sujet de photographie très apprécié par les innombrables touristes affluant de tous les continents pour admirer la petite ville.

Jede Sekunde 750 Kubikmeter Wasser – das macht Wirbel und schäumendes Weiß. Goethe kam im Jahr 1797 gegen Abend und notierte: „Herrlicher war das Farbenspiel in dem Augenblick der sinkenden Sonne, aber auch alle Bewegung schien schneller, wilder und sprühender zu werden. Leichte Windstöße kräuseln lebhafter die Säume des stürzenden Schaumes..."

750 cubic metres of water per second cause a turmoil of whirlpools and white foam. Goethe came here one evening in 1797 and noted : „The play of colours was at its most splendid just before the sun sank below the horizon, but every movement also seemed to be faster, wilder and more effervescent. A light breeze stirred up the peaks of the plummeting foam ..."

750 mètres cubes d'eau à chaque seconde – voici de quoi créer des remous et de l'écume. Goethe vint ici en 1797 aux heures du soir et nota : „Le jeu de couleurs au moment du coucher du soleil était une merveille, de même que le mouvement entier qui sembla s'accélérer, devenir plus sauvage et jaillir avec davantage de force. De légers coups de vent creusèrent un peu plus les rides de la lisière de l'écume déferlante..."

Den Rhein entlang von Diessenhofen nach Schaffhausen kann man eine schöne Vormittagswanderung westlich vom Untersee machen, mit dem Rheinfall als Ziel (Busverbindung mit der Schiffslände in Schaffhausens Zentrum). Ausflugsboote pendeln zwischen dem Ufer und dem malerischen Doppelfelsen inmitten der gischtenden Wassermassen, man kann auch anlanden und auf Treppen den Fels ersteigen.

To the west of Untersee the banks of the Rhine provide a pleasant morning's walk from Diessenhofen to Schaffhausen, ending at the Rhine Falls (where a bus service connects with the landing stage in the centre of Schaffhausen). Excursion boats ply between the shore and the scenic double cliff amid the billowing spray of the water masses. Visitors may also go ashore and climb the stairs up the cliffs.

Une merveilleuse excursion à l'ouest de l'Untersee consiste à longer le Rhin et à se rendre de Diessenhofen à Schaffhouse et ses chûtes du Rhin (de là, correspondance en bus jusqu'au débarcadère dans le centre de Schaffhouse). Des bateaux font la navette entre la rive et le pittoresque double rocher au milieu des trombes d'eau écumantes ; il est possible de débarquer et de grimper par des escaliers sur le rocher.

Schwarzbärtig, die Armbrust für den Apfel- und den Geßlerschuss geschultert, so steht der legendäre Schweizer Volksheld Wilhelm Tell in Schaffhausens Fußgängerzone.

Black-bearded William Tell, cross-bow held at his shoulder aiming at the apple and Gessler – thus stands the legendary Swiss national folk hero in Schaffhausen's pedestrian zone.

Barbe noire, arbalète à l'épaule prête à tirer sur la pomme et Geßler ; ainsi se dresse le légendaire héros populaire suisse Wilhelm Tell dans la zone piétonnière de Schaffhouse.

Für eine ruhige Viertelstundenpause im Programm der Stadtbesichtigung von Schaffhausen gerade recht: die romanische Vorhalle des Münsters, das in den Jahren von 1087 bis 1150 erbaut wurde.

Well worth a 15-minute break in the sightseeing tour of Schaffhausen: the Romanesque entrance hall of the Münster, built between 1087 and 1150.

Idéal pour un quart d'heure de pause tranquille pendant de la visite de la ville de Schaffhouse : le narthex roman de la cathédrale construite entre 1087 et 1150.

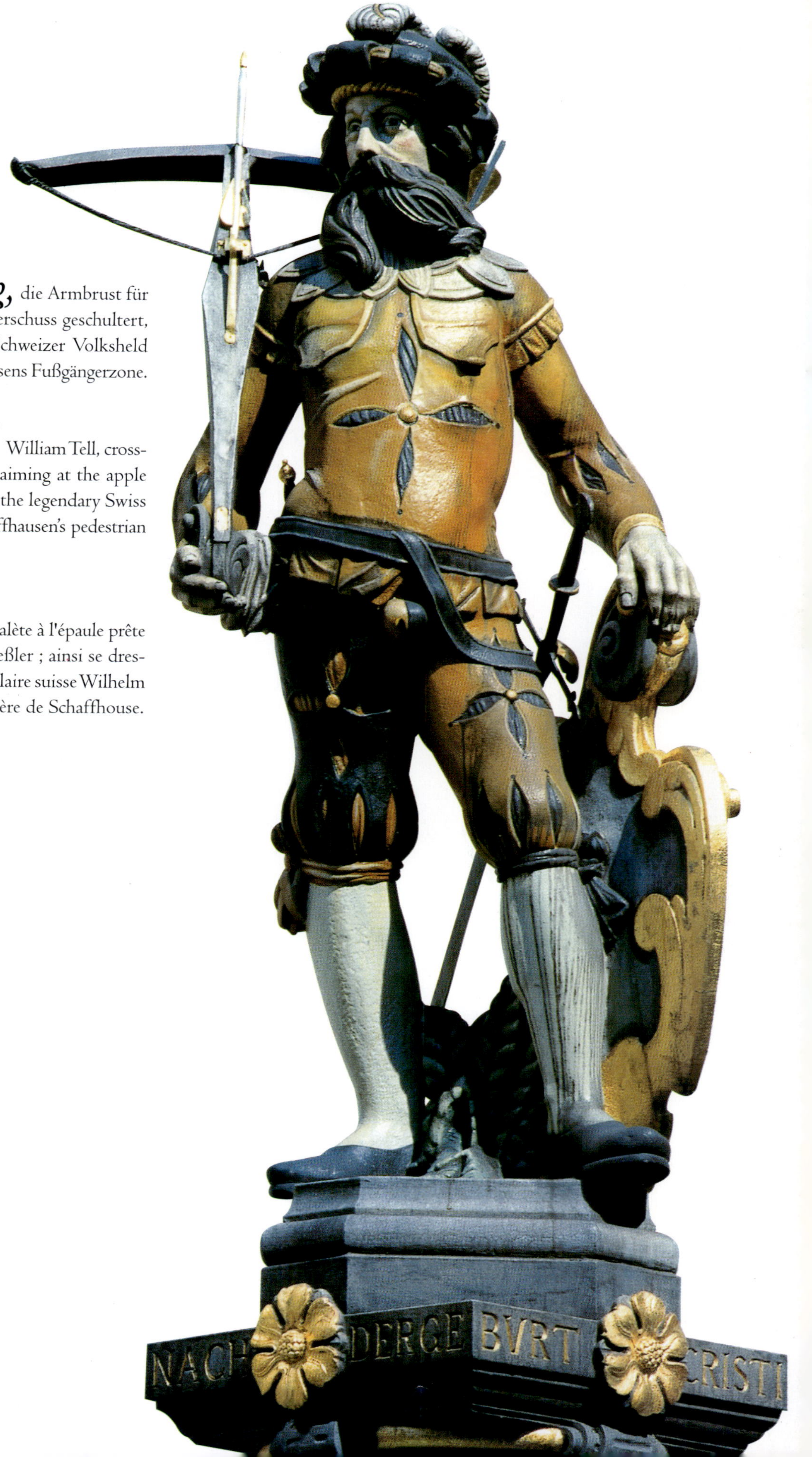

Albertus Magnus, der große Kirchenlehrer und Naturforscher des 13. Jahrhunderts, weihte die Kirche des Klosters Katharinental, das eine kurze Strecke rheinabwärts von Diessenhofen liegt. Ursprünglich waren hier Beginen in der karitativen Krankenpflege tätig. Die heutigen Gebäude stammen aus der Barockzeit, auch die Kirche erhielt einen triumphalen barocken Hochaltar.

Albertus Magnus, the great doctor of the church and naturalist of the 13th century, consecrated the church at Kloster Katharinental, a short distance down the Rhine from Diessenhofen. Originally Begins were engaged as charitable nurses. The present buildings date back to baroque times and even the church was furnished with a triumphal baroque high altar.

C'est Albertus Magnus, le grand docteur de l'Eglise et spécialiste des sciences naturelles du XIIIe siècle, qui consacra l'église du monastère Katharinental situé un peu plus en aval du Rhin que Diessenhofen. A l'origine, le lieu était occupé par des béguines distribuant des soins aux pauvres. Les bâtiments actuels datent du baroque, le maître-autel de l'église est également de style baroque triomphant.

Altes Fachwerk und Kirchturm, neue Uferpromenade und Ausflugsdampfer – die Kleinstadt Diessenhofen am jungen Rhein hat ihr mittelalterliches Bild um „Unterhof" und „Oberhof", dazu den „Siegelturm" von 1545 und das Amtshaus über die Jahrhunderte bewahrt, ohne zum Museum zu werden. Besonders schön: der Blick auf Diessenhofen von der alten überdachten Holzbrücke.

Old half-timbered buildings with church steeple, new shoreline promenade and excursion steamers – over the centuries the small town of Diessenhofen on the banks of the young Rhine has preserved its mediaeval townscape around the „Unterhof" and „Oberhof", including the „Siegelturm" from 1545 and the „Amtshaus", without becoming a museum. Not to be missed: a view of Diessenhofen from the old roofed wooden bridge.

Colombages et tour d'église anciens, promenade du lac et bateaux à vapeur récents – la petite ville de Diessenhofen, située sur les rives du Rhin encore étroit, a su sans pour autant se transformer en musée préserver tout au long des siècles son apparence médiévale autour de l' „Unterhof" et de l' „Oberhof", sa „Siegelturm" (tour des sceaux) (1545) et sa mairie. Du vieux pont de bois couvert, la vue sur Diessenhofen est particulièrement belle.

Ein Rebhang, in der Niederung das aufblitzende Wasserband der Thur, in der Ferne hinterm Dunst die Höhen der Alpen – das ist die Landschaft, in der sich die Kartäusermönche im 15. Jahrhundert im Kloster Ittingen einrichteten.

A sloping vineyard, below the River Thur appears as a glistening thread of water, in the distance the Alpine peaks can be distinguished through the haze – against this backdrop the Carthusian monks erected their monastery at Ittingen in the 15th century.

Vignobles à flanc de coteau, serpent d'eau scintillant de la Thur dans la vallée, et au loin, derrière les vapeurs, hauteurs des Alpes : voici le site où s'établirent au XVe siècle les chartreux, dans le monastère d'Ittingen.

Frauenfeld ist die Hauptstadt des Kantons Thurgau und hat außer dem mittelalterlichen Schloss und dem Historischen Museum auch die architektonisch interessante neobarocke Stadtkirche St. Nikolaus mit monumentalem Portal (1904–06).

Besides the mediaeval castle and Museum of History, Frauenfeld, capital of the Canton of Thurgau, also has the architecturally inspiring neo-baroque town church of St. Nikolaus with its monumental portal (1904–06).

Frauenfeld, capitale du canton de Thurgau, offre à la visite, outre son château médiéval et son musée historique, l'église St. Nicolas et son portail monumental (1904-06), dont l'architecture datant du nouveau baroque est digne d'intérêt.

Dem hl. Gallus (550–645), dem irischen Mönch, der im schweizerischen Voralpenland den christlichen Glauben predigte und beim späteren St. Gallen seine Klause hatte, ist eine kleine Kapelle in Oberstammheim bei Stein am Rhein geweiht. Dort findet man den kostbaren Freskenzyklus aus dem Jahr 1310 mit der anrührend schlichten Darstellung der Geißelung Christi.

A small chapel at Oberstammheim near Stein am Rhein is consecrated to the Irish monk St. Gallus (550–645), who preached the Christian belief in the foothills of the Swiss Alps and who found a retreat at the later St. Gallen. Here one can see the precious fresco cycle from 1310 with the movingly portrayed flagellation of Christ.

Une petite chapelle à Oberstammheim, près de Stein am Rhein, est consacrée à St. Gallus, le moine irlandais qui répandit la foi chrétienne dans les Préalpes suisses et vécut dans une cellule près de l'endroit qui devint plus tard Saint-Gall. La chapelle contient la précieuse série de fresques datant de 1310 qui représente avec une simplicité touchante la flagellation du Christ.

Das ehemalige Klostergut Ittingen liegt in wunderschöner Wald- und Wiesenlandschaft nördlich von Frauenfeld und ist kein altes Kloster wie viele andere. In Ittingen ist seit zwei Jahrzehnten die „Stiftung Kartause Ittingen“ in der Ökologie und Kunstförderung, im Weinbau und in der Behindertenhilfe aktiv. Zu besichtigen: die Rokokokirche und das Museum der Kartäusermönche.

The former monastery at Ittingen is beautifully situated amid woodlands and meadows to the north of Frauenfeld. But this is a different type of monastery. For the past two decades Ittingen has been home to the „Carthusian Foundation of Ittingen" engaged in ecology and promotion of the arts, wine growing and aid for the handicapped. The rococo church and the museum of the Carthusian monks are open to the public.

Le domaine de l'ancien monastère d'Ittingen s'étend dans un magnifique paysage de bois et de prés au nord de Frauenfeld et n'est pas un vieux monastère comme tant d'autres. A Ittingen, la „Stiftung Kartause Ittigen“ se consacre depuis 20 ans à l'écologie et la promotion artistique, ainsi qu'à la culture de la vigne et l'aide aux personnes handicapées. A visiter : l' église rococo et le musée des chartreux.

BAYLINER

Steckborn, der alte Fischer- und Handelsplatz am Untersee, ist zu einer betriebsamen Stadt geworden. Erholsam geht's um den kleinen Hafen zu, wie auch beim Schlösschen Turmhof mit seiner eigenartigen Dachlandschaft aus einer spitzen Kuppel und vier flankierenden Türmen. Gut kann man von der Schiffslände zum Ufer der Höri-Halbinsel, vom Thurgau nach Baden-Württemberg hinüberschauen.

Steckborn, the old fishing and trading town on Untersee, has become a busy little place. Quiet spots are to be found at the small harbour and Schloss Turmhof with its interesting roofscape comprising a pointed dome flanked by four towers. A fine view of the Höri peninsular can be enjoyed from the landing stage, from Thurgau to Baden-Württemberg so to speak.

Steckborn, ancienne place de commerce et de pêche de l'Untersee, est devenue une ville à l'activité débordante. Pour se détendre, on peut se rendre sur le petit port ou au château de Turmhof, dont la coupelle en pointe flanquée de quatre tours donne à la toiture une silhouette unique. De l'embarcadère, on a une belle vue sur la rive de la presqu'île d'Höri, le Thurgau et le Bade-Wurtemberg.

Fachwerkhaus in Steckborn. Als Hermann Hesse auf der Höri mit seiner Frau in Gaienhofen lebte, gab es dort keine Läden außer einem Bäcker: „Ich muss also", schrieb er, „sobald etwas nötig wird, nach Steckborn rudern und dort etwas einkaufen. Dabei wird der Zoll passiert, und ich kann schon den ganzen Zolltarif für Küchensachen usw. auswendig, ziehe aber natürlich wo möglich das Schmuggeln vor."

Half-timbered house at Steckborn. When Hermann Hesse and his wife lived in Gaienhofen on the Höri peninsular the only shop in the village was the baker's. „If I need anything", he wrote, „I have to row over to Steckborn and procure it there, passing through customs on the way. Meanwhile I know the entire list of tariffs for kitchen supplies, etc. by heart, but of course I prefer to smuggle if I can."

Maison à colombages de Steckborn. A l'époque où Hermann Hesse vécut avec son épouse sur Höri, il n'y avait sur la presqu'île d'autre commerce qu'un boulanger: „Dès que nous avons besoin de quelque chose", écrivit-il, „je dois donc pagayer jusqu'à Steckborn et y faire des achats. Je passe à cette occasion la frontière et connais donc maintenant par cœur tous les tarifs douaniers de produits pour la cuisine, etc... Je préfère toutefois lorsque c'est possible la contrebande."

Herrlich ist der Blick von der Terrasse des Schlosses Arenenberg über den See, zur Höri-Halbinsel und auf die Insel Reichenau. Hier zogen Familienmitglieder Napoleons nach dessen Sturz ein, Hortense des Beauharnais, seine Schwägerin, und später die Witwe Kaiser Napoleons III., die ehrgeizige Kaiserin Eugénie. 1906 schenkte sie das Schlösschen dem Kanton Thurgau.

From the terrace, visitors to Schloss Arenenberg are rewarded with a panoramic view of the lake, the Höri peninsular and the island of Reichenau. When Napoleon fell from power, members of his family moved in here, including his sister-in-law Hortense des Beauharnais, and later the ambitious Empress Eugénie, widow of Emperor Napoleon III. In 1906 she bequeathed the castle to the Canton of Thurgau.

De la terrasse du château d'Arenenberg, on a une vue splendide sur le lac, la presqu'île d'Höri et l'île de Reichenau. Après la chute de Napoléon, des membres de sa famille vécurent dans le château, d'abord sa belle-sœur Hortense de Beauharnais, puis plus tard l'ambitieuse Eugénie, veuve de l'empereur Napoléon III. En 1906, celleci fit don du château au canton de Thurgau.

Schon bald vierhundert Jahre alt, heißt es, ist der Gasthof Drachenburg in Gottlieben bei Kreuzlingen, ein immer wieder verändertes, pittoreskes Gebäude mit Erkern und Zwiebelkuppeln. Kreuzlingen, an Konstanz angrenzend, hat noch mehr derart skurrile Architektur aufzuweisen, ein anderes schönes Beispiel ist die „Seeburg" in ihrem Park östlich der Stadt über dem See.

The „Drachenburg" Inn at Gottlieben near Kreuzlingen is claimed to be almost four hundred years old. The charming building with oriels and onion domes has been subject to repeated alterations over the course of time. Kreuzlingen, adjoining Konstanz, has several other examples of bizarre architecture to offer, for instance the „Seeburg" in its park overlooking the lake to the east of the town.

Le restaurant Drachenburg de Gottlieben près de Kreuzlingen aura, dit-on, bientôt quatre cents ans. C'est un bâtiment pittoresque à encorbellements et coupoles à bulbe, auquel furent régulièrement apportées des modifications. Kreuzlingen, qui jouxte Constance, possède d'autres exemples du même type d'architecture excentrique, comme le „Seeburg" surplombant le lac au milieu de son parc, à l'est de la ville.

Verträumte Sommerstimmung am Bodensee. Der Blick geht von Altnau im Kanton Thurgau in Richtung Friedrichshafen.

Dreamy summer atmosphere on the shores of Lake Constance. View from Altnau (canton Thurgau) to Friedrichshafen.

Rêverie d'été au bord du Lac de Constance. Foto prise d'Altnau (canton Thurgau) vers Friedrichshafen.

Kaum ein Thurgauer Dorf, das sich seinen Besuchern nicht wie Bischofszell präsentiert: Als habe der Gemeinderat gerade wieder den ersten Preis im Wettbewerb „Unser Dorf soll schöner werden" entgegengenommen. So unkrautfrei sind die Blumenrabatten, so frisch getüncht die Fassaden, so reichlich die Ruhebänke.

There is surely no neater village in Thurgau than Bischofszell. As if the local council had just won first prize in the „prettiest village" competition: its flower beds are free of weeds, its facades freshly painted, its benches for resting are plentiful.

Il n'est quasiment aucun village du Thurgau ne se présentant pas comme Bischofszell aux regards de ses visiteurs, comme si le conseil municipal venait juste de recevoir à nouveau le premier prix du concours „Quel est le plus beau village ?" : parterres de fleurs sans une seule mauvaise herbe, façades fraîchement blanchies à la chaux, bancs publics à profusion.

Mit der Einsiedelei des irischen Mönchs St. Gallus begann die Geschichte der Stadt St. Gallen im 7. Jahrhundert. Zwei Jahrhunderte später wuchs aus der Gallus-Eremitage die prächtige Benediktinerabtei, die rund tausend Jahre bis 1805 bestand, berühmt für ihre reiche Bibliothek und heute Bischofssitz. Statt der Kirche aus dem 9. Jahrhundert ließen die Benediktiner 1755–68 eine neue Domkirche bauen, eine der größten Barockbauten in der Schweiz. St. Gallens reizvolle Altstadt – Foto: Schnitzerker in der Spiesergasse – mit ihren zahllosen Cafés und Restaurants ist auch Treffpunkt der Studenten der Hochschule für Wirtschafts- und Sozialwissenschaften. Eine schöne Wanderung führt von St. Gallen über Hügel- und Obstland zur Hafenstadt Romanshorn.

The history of St. Gallen began with the hermitage of the Irish monk St. Gallus in the 7th century. Two hundred years later a splendid Benedictine abbey, in use until 1805, was founded on the site of the hermitage. It is famous for its well-stocked library and today is an episcopal see. In place of the 9th century church the Benedictine monks erected a new cathedral church from 1755-68, one of the largest baroque buildings in Switzerland. St. Gallen's charming old town – photograph: carved oriel in Spiesergasse – with numerous cafés and restaurants is also a meeting place for students of the College of Economics and Social Sciences. A pleasant hiking trail leads from the town through hilly orchard country to the lakeside town of Romanshorn.

L'histoire de la ville de Saint-Gall débuta au VIIe siècle avec l'arrivée du moine irlandais St. Gallus. Deux siècles plus tard, les ermitages de St. Gallus firent place à une somptueuse abbaye bénédictine renommée pour sa grosse bibliothèque, qui exista environ mille ans jusqu'en 1805 et est aujourd'hui un siège épiscopal. A la place de l'église du IXe siècle, les bénédictins firent construire en 1755-68 une nouvelle cathédrale, l'un des plus grands édifices baroques de Suisse. Charme de la vieille ville de Saint-Gall – Photo: encorbellement sculpté dans la Spiesergasse ; les nombreux cafés et restaurants de la ruelle en font aussi un lieu de rendez-vous prisé des étudiants de l'Institut des sciences économiques et sociales. Une belle excursion consiste à se rendre à travers collines et plantations d'arbres fruitiers de Saint-Gall jusqu'à la ville portuaire de Romanshorn.

Peter Thumb war der Baumeister der barocken Stifts- und Domkirche von St. Gallen. Die Familie Thumb aus dem Bregenzer Wald brachte einige der kreativsten Architekten der Vorarlberger Bauschule hervor. Peter Thumb (1681–1766) erlebte die Weihe der St. Galler Stiftskirche nicht mehr; zu seinen Hauptwerken gehört auch die Wallfahrtskirche St. Marien, Birnau.

Peter Thumb was the master builder of the baroque collegiate and cathedral church at St. Gallen. The Thumb family from the Bregenz Forest produced some of the most creative architects of the Vorarlberg school. Peter Thumb (1681–1766) did not live to witness the consecration of the collegiate church in St. Gallen; his main works also include the pilgrimage church of St. Mary at Birnau.

Peter Thumb fut le maître d'œuvre de la cathédrale collégiale baroque de Saint-Gall. La famille Thumb, originaire de la forêt de Bregenz, a fourni à l'école de bâtisseurs du Vorarlberg quelques-uns de ses architectes les plus créatifs. Peter Thumb (1681-1766) décéda avant la consécration de l'église collégiale de Saint-Gall ; parmi ses œuvres majeures, on compte aussi l'église de pèlerinage Ste Marie à Birnau.

Vom Fußboden bis zur Decke ein Raum schöner Formen, Farben und Bilder: der Bibliothekssaal des Benediktinerstifts St. Gallen. Anders als viele süddeutsche Bibliotheken fiel die kostbare Sammlung, die auch eine erstaunliche Anzahl früher Manuskripte umfasst, bei der Auflösung des Stiftes 1805 nicht auseinander. Die Deckengemälde zeigen die großen Konzile der frühen Christenheit.

From floor to ceiling a room with beautiful shapes, colours and pictures: the library of the Benedictine monastery at St. Gallen. In contrast to many south German libraries, the priceless collection – which includes an exceptionally large number of early manuscripts – was not split up when the monastery was dissolved in 1805. The ceiling frescoes depict the great councils of early Christianity.

Du plancher au plafond, une pièce aux formes, couleurs et tableaux magnifiques : la bibliothèque de l'abbaye bénédictine de Saint-Gall. Contrairement à ce qui se passa dans de nombreuses bibliothèques du sud de l'Allemagne, la précieuse collection comportant aussi un nombre étonnant de manuscrits anciens n'a pas été détruite lors de la dissolution de l'abbaye en 1805. Les peintures du plafond représentent les conciles importants des débuts de la chrétienté.

Eher Höhenburgen erwartet man in der Schweiz als Wasserburgen – doch beim Thurgauer Städtchen Amriswil ließ eine weite Ebene den Bau des von einem breiten Wassergraben geschützten Burggemäuers Hagenwil zu (erste Hälfte 13. Jahrhundert). Wunderschön sind im Thurgau die vom Kanton geförderten Obstbaumwiesen, auf denen Apfel- und Birnbäume mit hohen Kronen wachsen dürfen.

Hilltop castles are more common in Switzerland than moated ones – but a broad flatland around the town of Amriswil in Thurgau permitted the construction of a wide moat surrounding the walls of Burg Hagenwil (first half of the 13th century). An attractive feature of Thurgau are the orchards in which, encouraged by the canton authorities, high topped apple and pear trees are allowed to grow.

Lorsque l'on pense „château entouré d'eau“, on imagine en Suisse plutôt un château sur les hauteurs. Et pourtant, dans la petite ville d'Amriswil du canton de Thurgau, une vaste surface a permis la construction du château d'Hagenwil entouré de remparts protégés par de larges douves (première moitié du XIIIe siècle). L'une des beautés du Thurgau sont ses vergers, dont le canton encourage la culture et dans lesquels poussent des pommiers et poiriers à hautes cimes.

Die Häuser der Schweizer Bauern – wie hier in Schwellbrunn bei Herisau südwestlich von St. Gallen – sind vielerorts wahre Kunstwerke der Holzbaukunst, hoch und geräumig und vom Frühling bis zum Herbst von blühenden Gärten umrahmt. Es lohnt, mit der Kamera von Dorf zu Dorf unterwegs zu sein und Bilder der schönsten Holzhäuser zu sammeln.

The Swiss farmhouses – such as here in Schwellbrunn near Herisau, south-west of St. Gallen – are often true works of art in timber, high and spacious and framed by blossoming gardens from spring to autumn. Going from village to village and photographing a collection of the prettiest timber houses is a worthwhile project.

Les maisons paysannes suisses, comme ici à Schwellbrunn près de Herisau au sud-ouest de Saint-Gall, sont souvent de réels chefs-d'œuvre de l'art de la construction en bois, hautes, spacieuses et entourées du printemps à l'automne de jardins en fleurs. Cela vaut la peine d'aller d'un village à l'autre pour prendre en photo les plus belles maisons.

Bei der Martinskirche in Arbon steht die Galluskapelle, daneben wird der Stein gezeigt, an dem der irische Missionar im Jahr 610 mit einem Bären gekämpft haben soll. Wenn die Legende recht hat, hatte der Satan selbst die Gestalt des Bären angenommen. Eine andere Legende weiß, ein Bär habe dem Einsiedler Holz gegegeben und der Einsiedler dem wilden Tier Brot.

The Gallus Chapel is located near St. Martin's church at Arbon, and close to this one can inspect the stone with which the Irish missionary is purported to have driven off a bear in the year 610. According to the legend, the bear was the Devil himself. Another legend claims that the bear gave the hermit firewood and in return the hermit gave the wild animal bread.

A côté de la chapelle Gallus située près de l'église Saint-Martin à Arbon, la pierre près de laquelle le missionnaire irlandais aurait en 610 lutté avec un ours est exposée. Si la légende dit vrai, Satan en personne aurait pris la forme de l'ours. Une autre légende raconte qu'un ours aurait donné du bois au missionnaire et le missionnaire du pain à l'animal.

Ein Glück, solche Wiesen und Hügel im Appenzeller Land zu durchwandern. Von Teufen südlich von St. Gallen geht der Blick auf die Berggrate mit dem Säntis-Gipfel. Oft kann man diese Landschaft fast menschenleer erleben – die Schweiz, Europas gebirgigster Staat, hat eine vergleichsweise geringe Bevölkerungsdichte von 170 Einw./qkm.

What could be a greater delight than to wander over the meadows and hills around Appenzell? From Teufen south of St. Gallen the hiker is rewarded with a panoramic view of the mountain ridges including the peak of the Säntis. This landscape can often be enjoyed without a soul in sight – as Europe's most mountainous country, Switzerland has a relatively low population density of 170 persons/sqm.

Un vrai bonheur que de pouvoir parcourir de telles prairies et collines dans la région de l'Appenzell. De Teufel, au sud de Saint-Gall, on peut apercevoir les arêtes des montagnes avec le sommet du Säntis. Souvent, ce paysage est presque entièrement désert – la Suisse, pays le plus montagneux d'Europe, a en proportion une densité de population peu élevée de 170 habitants/m².

Verkehrsreich ist Rorschach, mit der Hauptstraße durch die ganze Länge des Ortes, mit Eisenbahn und Hafen. Als kostbarer Schatz der Gotik blieb der Kreuzgang des ehemaligen Klosters Mariaberg erhalten (heute Lehrerseminar), das im 15. Jahrhundert zwischen dem Fürstabt der Benediktiner von St. Gallen und dem Bürgertum umkämpft war.

Rorschach is a busy place, with the main road extending along the entire length of the town, as well as a railway and harbour. The cloisters of the former convent at Mariaberg (today a teaching institute) have been preserved as a priceless treasure from the Gothic period. In the 15th century it was an object of dispute between the prince-abbot of the Benedictine monks of St. Gallen and the bourgeoisie.

A Rorschach, on circule beaucoup : route principale traversant la ville dans toute sa longueur, gare ferroviaire et port. L'ancien monastère de Mariaberg (aujourd'hui transformé en école normale), objet de disputes au XVe siècle entre l'abbaye princière des bénédictins de Saint-Gall et la bourgeoisie, possède encore son cloître, véritable joyau de l'art gothique.

Schon um 3000 v. Chr. haben älteste Bodensee-Siedlungen in der Bucht von Arbon bestanden. Die archäologischen Beweise dafür findet man im Historischen Museum im ehemaligen Sommerschloss (Bild) der Konstanzer Bischöfe.

The earliest settlements around Lake Constance already existed in the Bay of Arbon around 3000 B.C. Archaeological proof of this can be seen at the Museum of History in the former summer palace (picture) of the bishops of Konstanz.

En 3000 avant J.C. déjà, de très vieilles peuplades du lac de Constance s'installèrent dans la baie d'Arbon. Ce fait est attesté par l'archéologie dans le musée d'histoire installé dans l'ancienne résidence d'été des princes-évêques de Constance (photo).

Festliche Prämierung des besten Viehs in Appenzell-Außerrhoden – da zeigen auch die Männer, dass sie sich vor Farben so bunt wie Sommerblumen nicht scheuen. Trachten überdauern in der Schweiz nicht nur im Museum, und die Milchwirtschaft findet noch auf den Almen statt.

Festive award of a prize to the finest cow at Appenzell-Außerrhoden – even the men are not afraid to adorn themselves in the bright colours of summer flowers. In Switzerland traditional costumes are not confined to museums and milk is still produced on the alpine pastures.

Solennelle remise de prix au propriétaire de la meilleure vache d'Außerrhoden dans l'Appenzell. Les hommes y montrent qu'ils n'hésitent pas à porter des habits aux couleurs aussi éclatantes que des fleurs d'été. En Suisse, les costumes traditionnels ne subsistent pas uniquement dans les musées, et l'industrie laitière est encore bien présente dans les pâturages.

In Appenzell, dem Hauptort des schweizerischen Halbkantons Appenzell-Innerrhoden, trifft man noch auf ungewöhnlich viele Wohnhäuser aus Holz, auch auf Holzfassaden jüngerer Entstehungszeit. Auch Appenzell steht mit der benediktinischen Geschichte St. Gallens in Verbindung. Der alte Name „Abbatis cella" bezeichnete ein im Jahr 1071 gegründetes Hofgut des Klosters St. Gallen.

In Appenzell, the main town of the Swiss half-canton Appenzell-Innerrhoden, has a surprising number of wooden houses, many even built in recent years. Appenzell is also closely linked to the history of the Benedictine monks of St. Gallen. The old name „Abbatis cella" was given to the farm belonging to the monastery at St. Gallen, which was founded in 1071.

A Appenzell, chef-lieu du demi-canton suisse des Rhodes Intérieures (Appenzell-Innerrhoden), les maisons en bois mais aussi les façades en bois de construction plus récentes, sont encore exceptionnellement nombreuses. Appenzell est aussi liée à l'histoire bénédictine de Saint-Gall. Le vieux nom de la ville „Abbatis cella" désignait en effet une propriété du monastère de Saint-Gall créée en 1071.

Nicht nur die Aussicht zur Rheinmündung und nach Lindau ist schön, der „Erste Schweizer Witzwanderweg" beim Appenzeller Kurort Heiden lädt auch zum Mitlachen ein. – In Heiden verlieh das Osloer Komitee dem verarmten Gründer des Roten Kreuzes, Henri Dunant, den ersten Friedens-Nobelpreis.

Not only for the spectacular view to the mouth of the Rhine and Lindau – a visit to the „First Swiss Joke Trail" near Heiden, the Appenzell health resort, will provide many a laugh. At Heiden the Oslo Committee awarded the first Nobel Peace Prize to Henri Dunant, founder of the Red Cross.

Près d'Heiden station thermale de l'Appenzell, la vue sur l'embouchure du Rhin et sur Lindau est belle, mais ce n'est pas tout : le „premier chemin suisse du joyeux randonneur" invite aussi les promeneurs à rire en cœur. C'est à Heiden que fut remis par le comité d'Oslo le premier prix Nobel de la paix à Henri Dunant, fondateur de la Croix-Rouge tombé dans la misère.

Farbenspiele wie in den Tropen beschert der Sonnenuntergang am Bodensee, wenn eine Wetterfront abzieht. Wild kann der Sturm über dem Bodensee toben, weiße Wellenschäume über meerblaues Wasser und braunes Gewölk über den Himmel jagen. Der mag dazwischen tief klar, grünblau und opalfarben durchleuchtet erscheinen, mit Sonnenstrahlen, die fächerförmig auf die Wolken fallen – auch davon hat Hermann Hesse erzählt.

When a weather front moves over Lake Constance the sunset produces a play of colours like in the tropics. The storm may rage over the lake, whipping up white-crested waves in the sea blue water and sending brownish clouds scudding across the sky. In between it is deep and clear, greenish-blue and opal coloured. The sunbeams, casting fan-like forms onto the clouds, make the surface appear translucent – as often described by Hermann Hesse.

Lorsqu'un front de mauvais temps s'éloigne, les couchers de soleil du lac de Constance offrent des jeux de couleurs comparables à ceux des Tropiques. La tempête peut se faire furieuse sur le lac de Constance, faisant courir l'écume blanche des vagues sur l'eau bleu océan et chassant les nuages noirs dans le ciel. Dans l'intervalle, ce même ciel s'illuminera peut-être de tons clairs, turquoises ou opalins, et des rayons de soleil perceront les nuages – Ce spectacle, Hermann Hesse l'a aussi décrit.

FEURSTEIN

Weiträumig, moderner als die meisten anderen Städte im Umland des Bodensees erscheint Dornbirn am Westrand des Bregenzer Waldes. Als industriell produktives Messezentrum hat die größte Stadt Vorarlbergs mehr Einwohner als Bregenz. Das Feurstein-Haus am Hauptplatz stammt im Kern noch von 1610, sehenswert ist die klassizistische Kirche mit ihrer imposanten Säulenvorhalle.

Dornbirn at the western edge of the Bregenz Forest has a more spacious, modern appearance than most other towns around Lake Constance. As a manufacturing centre with exhibition facilities, this Vorarlberg town is in fact larger than Bregenz, the capital. The core of the Feuerstein-Haus at Hauptplatz dates back to 1610, and the classicist church with its imposing portico is worth a visit.

Spacieuse et plus moderne que la plupart des autres villes des environs du lac de Constance : voici l'impression que donne Dornbirn, située à l'extrémité ouest de la forêt de Bregenz. Cette ville industrielle possédant son propre parc des expositions est la plus grosse du Vorarlberg, et dépasse Bregenz en nombre d'habitants. Les fondements de la „Feuersteinhaus" (maison de la pierre à feu) sur la place principale datent de 1610, l'église de style classique et son imposant narthex à colonnes sont à voir.

Die Rappenlochschlucht hat die Dornbirner Ache in jahrtausendelanger Arbeit aus dem Fels gewaschen, eine Wildwasser-Klamm, unter deren haushohen Felswänden man auf Treppen und Steigen wandert. An manchen Stellen scheinen sich droben an der Abbruchkante die steinernen Wände fast zu berühren. Herrlich ist das schäumende, jagende, gischtende Wasser anzusehen.

The Rappenloch Ravine, cut out of the rock by the Dornbirner Ache, is a work of many thousands of years. It is a white-water gorge through which visitors can walk over steps and bridges below huge walls of rock. In some parts the walls almost appear to touch. The foaming, surging, hissing water masses are a delight to behold.

La Rappenlochschlucht, fruit de milliers d'années de travail de la Dornbirner Ache dans la roche, est une gorge de torrent de montagne sous les parois (hautes comme une maison) de laquelle on peut se promener sur des marches et escaliers. A certains endroits, les parois de la roche en haut, au niveau de l'arête d'éboulement, semblent presque se toucher. La vision de l'eau moussante, courante et écumante est magnifique.

Sommerlicher Friede über dem Vorarlberger Bauernland an der Straße nach Schwarzenberg. Die touristische Attraktion dieser Landschaft am Bregenzer Wald ist das „Wälderbähnle", dessen Bau an der Bregenzer Ache um 1900 eine eisenbahntechnische Meisterleistung war. Heute dampft das Bähnle an Sommerwochenenden von Bezau, dem Hauptort des Bregenzer Waldes, nach Bersbuch.

Summer tranquillity over the Vorarlberg farm country on the road to Schwarzenberg. The tourist attraction in this area near the Bregenz Forest is the „Wälderbähnle" (forest railway), whose construction alongside the Bregenzer Ache was an engineering feat in 1900. On summer weekends the engines steam between Bezau, the main town of the Bregenz Forest, to Bersbuch.

Paix estivale dans la campagne rurale du Vorarlberg le long de la route de Schwarzenberg. L'attraction touristique de ce paysage proche de la forêt de Bregenz est le „Wälderbähnle" (petit train de forêt), dont la construction le long de la Bregenzer Ache fut aux environs de 1900 une belle performance de technique ferroviaire. Aujourd'hui, les weekends d'été, le petit train à vapeur se rend de Bezau, ville principale de la forêt de Bregenz jusqu'à Bersbuch.

Genau besehen, gibt es Unterschiede zwischen den Voralpenlandschaften Vorarlbergs und Appenzells, aber auch starke Ähnlichkeiten sind zu beobachten. Dazu gehört die Neigung, mit Holz zu bauen, von dem hier wie dort nutzbaren Waldreichtum mitbedingt. In Vorarlberg schätzt man die kleinen rundlichen Schindeln. Oft werden sie schuppenförmig aufs Mauerwerk aufgetragen.

If one takes a closer look, many differences will be noticed between the Alpine foothills of Vorarlberg and Appenzell, but there are also striking similarities. These includes the propensity to build with wood, due to the abundance of timber in the area. In Vorarlberg small round shingles are commonly used. These are often nailed to the brickwork in a scale-like pattern.

En y regardant de près, il existe des différences entre les paysages des Préalpes du Vorarlberg et ceux de l'Appenzell, mais aussi des similitudes frappantes, comme par exemple la tendance à construire avec du bois, due en partie à l'abondance de forêts exploitables dans l'une comme dans l'autre des régions. Le Vorarlberg apprécie les petits bardeaux ronds. Souvent, il sont utilisés sous forme d'écailles comme couverture des maisons.

An der Mündung der Bregenzer Ache. Wurzelknollen und Altholzreste aus dem Gebirge sind ans kiesige Ufer geschwemmt – malerisch und fotogen. Sorgen macht den Bodenseeanrainern und allen fürs Trinkwasser Verantwortlichen die unsichtbare oder kaum sichtbare Fracht von Schadstoffen, die noch immer mit den Zuflüssen aus dem Umland in den See getragen wird.

Root clumps and driftwood washed down from the mountains now lie on the gravely shore at the mouth of the Bregenzer Ache – a fine motif for sketches or photographs. The lake inhabitants and drinking water officials are, however, more than a little concerned about the often invisible harmful substances which are still transported into the lake by its tributaries.

Embouchure de la Bregenzer Ache. Tubercules et restes de vieux bois de la montagne ont été charriés sur la berge rocailleuse - image pittoresque digne d'une photo. Les riverains du lac de Constance et les responsables de l'approvisionnement en eau potable se font du souci au sujet du transport invisible ou presque de substances nuisibles encore véhiculées par les flots dans le lac.

Vom Bregenzer Hausberg, dem Pfänder (1064 m), hat man den besten Ausblick auf die Vorarlberger Landeshauptstadt. Ihre Seefestspiele sind weltbekannt geworden, die Zeugnisse ihrer Geschichte sind von Kelten und Römern bis zu den Habsburgern vielfältig und reich, und Urlauber schätzen die Museen, das Theater und österreichische Gasthöfe, auch die Ausflüge zu Wasser und zu Lande.

The best view of the capital of Vorarlberg is from the local peak, the „Pfänder" (1064 m). The lakeside music festival at Bregenz is meanwhile world famous and it can boast a wide range of historic figures from the Celts and Romans to the Habsburg dynasty. The town's museums, theatre, Austrian inns and excursions on the lake and in the vicinity are popular with visitors.

C'est de la montagne de Bregenz, le Pfänder (1064 m), que l'on a le meilleur point de vue sur la capitale du Vorarlberg. La renommée de ses festivals est internationale, les produits de son histoire, des Celtes aux Romains, sans oublier les Habsbourg, sont nombreux et variés, et ses vacanciers l'apprécient pour ses musées, son théâtre, ses restaurants de cuisine autrichienne et ses possibilités d'excursions en mer ou sur la terre ferme.

Ein Stück Mittelalter ist unter seiner modernen Überbauung das Stadttor am Aufgang zum Martinsplatz in der Oberstadt von Bregenz. Droben trifft man in stillen, wie verwunschenen Gassen auf den Martinsturm mit seiner barocken Zwiebelhaube und auf die Martinskapelle mit ihren Fresken aus dem 14. Jahrhundert. Noch tausend Jahre älter sind die Reste des römischen „Brigantium".

The Stadttor (city gate) on the approach to Martinsplatz in Bregenz's Oberstadt is a witness to the Middle Ages with a present-day superstructure. Beyond it amid the quiet, enchanted narrow streets one encounters the Martinsturm with its 14th century frescoes. The vestiges of the Roman settlement of „Brigantium" are even a thousand years older.

La porte de la ville, située à l'entrée de la place Saint-Martin dans la ville haute de Bregenz, atteste sous son exhaussement récent du Moyen Age. En haut, au milieu des ruelles silencieuses et comme enchantées, se dressent la tour Saint-Martin avec son dôme à bulbe et la chapelle Saint-Martin contenant des fresques du XIVe siècle. Les vestiges de la „Brigantium" romaine ont eux encore mille ans de plus.

8

Schlichte Architektur, kleine Zimmer, Steinpflaster statt Asphalt und meist nur wenige Menschen, deren Stimmen die Ruhe unterbrechen könnten – das ist die Graf-Wilhelm-Straße in der Oberstadt von Bregenz. Kaum vorstellbar, wenn man drunten um den betriebsamen Kornmarkt, um den gläsernen Kubus des neuen „Kunsthauses Bregenz“ oder auch auf der Seepromenade unterwegs ist.

Unpretentious architecture, small rooms, stone paving instead of asphalt and rarely interrupted by human voices – that is Graf-Willhelm-Straße in the Oberstadt of Bregenz. A great contrast to the busy Kornmarkt around the cubic glass form of the new „Kunsthaus Bregenz" (Art Gallery) or the lakeside promenade.

Architecture simple, pièces de petite taille, revêtement de pavés et non d'asphalte, et la plupart du temps peu de personnes pour rompre le silence : ainsi se présente Graf-Wilhelm-Straße au visiteur dans la ville haute de Bregenz. A peine imaginable lorsque l'on se promène en bas dans le coin du Kornmarkt (marché aux grains), du cube de la nouvelle galerie „Kunsthaus Bregenz“ ou le long de la promenade du lac.

Auch einem Minnesänger begegnet man in Bregenz: am Ehregutaplatz steht das Denkmal des Hugo von Montfort (1357–1423), der in der Bregenzer Oberstadt geboren wurde und eine politisch-poetische Doppelkarriere machte. Hugo von Montfort wurde Landeshauptmann der Steiermark, und er schrieb Lieder, Reimreden und Minnebriefe – auch an die eigene Frau.

Bregenz also has its own minnesinger: the monument to Hugo von Montfort (1357–1423) can be admired at Ehregutaplatz. He was born in the Oberstadt at Bregenz and pursued a double career in political and poetic circles. Hugo von Montfort became head of the provincial government of Styria in southern Austria and wrote songs, rhyming speeches and homages – including to his own wife.

Bregenz possède aussi un troubadour : la „Ehregutaplatz“ est ornèe d' un monument commémoratif d'Hugo de Montfort (1357–1423), qui naquit dans la ville haute de Bregenz et fit une carrière politico-poétique. Hugo de Montfort devint chef administratif de la Styrie, il écrivit chansons, discours en vers et lettres d'amour courtois – certaines dédiées à son épouse.

Der Tod spielt mit, und er ist der Größte – bei der Aufführung der Verdi-Oper „Ein Maskenball" auf der Bregenzer Seebühne (1999/2000). Die zwar wetterabhängige, aber verführerisch schöne Naturkulisse des Sees und herausragende Inszenierungen haben das anfangs belächelte „Spiel auf dem See" zu einem international hochbegehrten Bodensee-„Event" gemacht.

Death has a part in it, and its role is the greatest – in a production of Verdi's opera „A Masked Ball" at the Bregenz lakeside festival theatre (1999/2000). Although it is susceptible to cancellation in inclement weather, the breathtaking natural backdrop provided by the lake and outstanding productions have made the lakeside festival, once smiled upon condescendingly by many, into a widely admired international event.

„Un bal masqué": la Mort entre en jeu et fait sensation sur la scène lacustre de Bregenz où est joué l'opéra de Verdi (1999/2000). Grâce au lac, coulisse naturelle certes soumise aux caprices du temps mais aussi exceptionnellement belle, et grâce aux représentations remarquables, le „jeu sur le lac" qui fit à ses débuts sourire certains s'est transformé en „Event" mondialement prisé du lac de Constance.

Abendstille bei Lochau, dem nördlichen Nachbarort von Bregenz und Grenzort zu Deutschland. Da der deutsch-österreichische Transitverkehr unter dem Pfänderberg in einem Tunnel vom Ufer abgeleitet wird, ist man zu mancher Stunde am Lochauer Bad ganz ungestört.

Evening tranquillity at Lochau, the northern neighbour of Bregenz on the German border. Since transit traffic between Germany and Austria has been confined to a tunnel beneath the Pfänderberg it is often possible to spend an undisturbed hour or two on the shoreline at Lochau.

Tranquillité des heures du soir près de Lochau, village situé non loin de Bregenz en allant vers le Nord et poste frontière entre l'Autriche et l'Allemagne. Comme la circulation de transit entre les deux pays a été déviée de la rive et passe sous un tunnel à travers la montagne du Pfänder, la Lochauer Bad est à certaines heures entièrement silencieuse.

Auf den Pfänder kann man schweben oder wandern – wer die Aussicht und Bequemlichkeit vorzieht, benutzt die Gondel resp. Großraumkabine, wer nah an der Natur sein will, setzt die eigenen Füße in Gang. An den Hängen unterhalb des von Fernmeldetürmen besetzten Pfändergipfels ist der Bergwald, sind blühende Wiesen überraschend ursprünglich zu erleben, zum Beispiel oberhalb vom Trögerbauernhof (Bild).

The top of the Pfänder can be reached by hiking through a natural landscape or – for those who prefer to leave the climbing to others – by cable railway in a spacious and comfortable gondola. Beneath the peak, crowned by a telecommunications tower, the slopes are covered with trees and blossoming meadows in an almost untouched state, for instance above the Trögerbauernhof (picture).

Sur le Pfänder, on a le choix entre être suspendu en l'air, et faire de la randonnée : ceux qui préfèrent jolie vue et confort utilisent les œufs ou les télécabines, ceux qui aiment la proximité de la nature se servent de leurs jambes. En bas du sommet du Pfänder sur lequel se dressent des tours de télécommunication, les versants sont recouverts de forêts de sapins et de prairies fleuries étonnamment sauvages, comme par exemple au-dessus de la ferme Tröger (photo).

Wie glänzendes Geschmeide funkelt Lindaus Hafenviereck auf, fast glaubt man, dem bayerischen Löwen an der Hafeneinfahrt in die Augen blicken zu können. Auch Wasserburgs in den See gereckte Halbinsel ist im Abenddunkel mit Kirchturm und beleuchteter Mole auszumachen – dank der hervorragenden Teleoptik in der Kamera des Fotografen, die den Fernblick vom Pfändergipfel in präziser Schärfe abbildet.

At the entrance to Lindau's smooth and glistening harbour it is almost as though one has looked the Bavarian lion in the eye. The church steeple and floodlit jetty on the peninsular jutting out into the lake at Wasserburg are clearly visible at dusk – thanks to the excellent teleoptics of the photographer's camera which captured the scene from the Pfänderberg with astounding sharpness.

Le port carré de Lindau est illuminé tel un joyau étincelant, on croirait presque pouvoir regarder dans les yeux le lion bavarois à l'entrée du port. Il est même possible de distinguer dans la pénombre la presqu'île de Wasserburg s'avançant dans le lac, avec sa tour d'église et sa jetée illuminée - ceci grâce au téléobjectif de l'appareil du photographe, qui dessine aussi avec précision le sommet lointain du Pfänder.

Mit seinen rund 28.000 Einwohnern ist Bregenz noch nicht einmal halb so groß wie Konstanz. Doch warum soll man die größte sein, wenn man unter allen Städten am Bodensee die mit dem längsten zugänglichen Freiraum am Ufer ist, mit dem schönsten Aussichtsberg am See und obendrein mit der größten Seebühne weltweit? Im Bild: die Herz-Jesu-Kirche (erbaut 1908).

With its 28,000 inhabitants, Bregenz is not even half as large as Konstanz. But you don't need to be the biggest to have the longest stretch of accessible shoreline of all towns on Lake Constance, the most picturesque mountaintop vantage point and the biggest lakeside theatre in the world. Pictured here: the Sacred Heart Church (built in 1908).

Avec ses quelque 28 000 habitants, Bregenz n'arrive pas à la moitié de Constance. Mais pourquoi être la plus grosse, lorsqu'on est celle dont les rives accessibles sont les plus longues de toutes les villes sur le lac de Constance, celle dont le point de vue en hauteur sur le lac est le plus beau et dont la scène lacustre est la plus grande du monde entier ? Photo : L'Herz-Jesu-Kirche (église du Sacré Cœur) datant de 1908.

Register / Index

Einbandvorderseite:
Meersburg

Einbandrückseite:
Mainau

Seite 1:
Die Traube im Schnitzwerk und edle Weine: Weinverkauf der Meersburger Winzergenossenschaft am Marktplatz in der Unterstadt. Klangvoll sind die Namen der Weinlagen am See, „Kirchhalde“ und „Chorherrenhalde“ erinnern an die jahrhundertelange Herrschaft der Meersburger Bischöfe, lebensfroh hat man andere „Bengel“ und „Jungfernstieg“ getauft.

Seite 2/3:
In harmonischer Schönheit breiten sich der See und seine Ufer – hier bei Lindau-Hoyersberg und Bad Schachen – vor dem Horizont der oft schneeweiß glänzenden schweizerischen Alpen aus. Als höchster Berg des Säntis- oder Alpsteingebirges in den Appenzeller Alpen überragt der 2501 m hohe Säntis die Grate und Gipfel seiner Nachbarn Altmann, Schäfler und Hoher Kasten.

Front cover:
Meersburg

Back cover:
Mainau

Page 1:
The carved grape and noble wines: wine sales at the Meersburg winegrowers' co-operative at the marketplace in Unterstadt. The vineyard slopes at the lakeside bear sweet-sounding names: „Kirchhalde" and „Chorherrenhalde" remind us of the century-long reign of the Meersburg bishops. Others have been humorously named „Bengel" (Rascal) and „Jungfernstieg" (Virgin's Walk).

pages 2/3:
The lake and its shores – here at Lindau-Hoyersberg and Bad Schachen – spread out in beautiful harmony against the snowy-white glistening backdrop of the Swiss Alps. With its 2,501 metres the Säntis, the highest mountain of the Säntis or Alpstein Range, rises above the ridges and peaks of its neighbours Altmann, Schäfler and Hoher Kasten.

Couverture première page :
Meersburg

Couverture dernière page :
Mainau

Page 1:
Le raisin dans la sculpture et nobles vins : vente de vin de la coopérative vinicole de Meersburg sur la place du marché dans la ville basse. Les noms des vignobles du lac aux sonorités marquantes, rappellent pour certains le règne de plusieurs centaines d'années des princes évêques de Meersburg : „Kirchhalde“ et „Chorherrenhalde“. Les noms de certains autres - „Bengel“ et „Jungfernstieg“ – respirent la joie de vivre.

pages [illegible]
Le la[illegible] [illegible]ivage – ici près de Lindau-Hoyersberg et Bad Sc[illegible] [illegible]'étendent en une splendide harmonie devant l'horizon des Alpes suisses scintillantes de neige. Le Säntis, point culminant de[illegible] [illegible]aînes du Säntis et de l'Alpstein dans les Alpes de l'A[illegible]zell, domine du haut de ses 2501 m les crêtes et sommets de ses voisins l'Altmann, le Schäfler et l'Hoher Kasten.

Impressum

Die Autoren

Dr. Wilfried Bahnmüller ist, ebenso wie seine Tochter Lisa, Fotograf und Bildverleger. Sie leben im Alpenvorland. In gleicher Ausstattung erschien von Wilfried Bahnmüller im Steiger Verlag der Bildband „Bayern“.
Michael Neumann-Adrian war langjährig Chefredakteur von „Westermanns Monatshefte“. Seinen Wohnsitz hat er am Starnberger See, ist aber häufig auf Reisen, vor allem in Europa und im Orient. Im Steiger Verlag erschien von ihm u. a. „Goethe auf Reisen“.

Die Deutsche Bibliothek - CIP-Einheitsaufnahme

Ein Titeldatensatz für diese Publikation ist bei
Der Deutschen Bibliothek erhältlich.

Gedruckt auf chlorfrei gebleichtem Papier.
Steiger Verlag München 2000

Fotos: Lisa und Dr. Wilfried Bahnmüller, Geretsried
Text: Michael Neumann-Adrian, Tutzing
Übersetzungen: Inlingua Firmendienst, München
Kartografie: Theiss Heidolph, Eching

Printed in Germany

ISBN 3-89652-211-6